Richa Tripathi
Diwakar Padalia

Método de afinação para a aprendizagem profunda

Richa Tripathi
Diwakar Padalia

Método de afinação para a aprendizagem profunda

Autenticação na deteção de inundações

ScienciaScripts

Imprint

Any brand names and product names mentioned in this book are subject to trademark, brand or patent protection and are trademarks or registered trademarks of their respective holders. The use of brand names, product names, common names, trade names, product descriptions etc. even without a particular marking in this work is in no way to be construed to mean that such names may be regarded as unrestricted in respect of trademark and brand protection legislation and could thus be used by anyone.

Cover image: www.ingimage.com

This book is a translation from the original published under ISBN 978-620-7-47746-3.

Publisher:
Sciencia Scripts
is a trademark of
Dodo Books Indian Ocean Ltd. and OmniScriptum S.R.L publishing group

120 High Road, East Finchley, London, N2 9ED, United Kingdom
Str. Armeneasca 28/1, office 1, Chisinau MD-2012, Republic of Moldova, Europe
Printed at: see last page
ISBN: 978-620-8-11030-7

Conteúdo

LISTA DE ABREVIATURAS

ABBREVIATION	FULL FORM
GLOFs	Glacial Lake Outburst Floods
SAR	Synthetic Aperture Radar
VRIS	Visible and InfraRed Scanner
BS	Base Station
TMI	TRMM Microwave Imager
MSE	Mean Square Error
DIF	Decimation in Frequency
DFT	Discrete Fourier Transform
MF	Median Filter
MMF	Modified Median Filter
IFAS	Integrated Flood Analysis System
PR	Precipitation Radar
ARIMA	Auto Regressive Integrated Moving Average
OLS	Ordinary Least Squares
LL	Lower Layer
DL	Deep Learning
ANN	Artificial Neural Network
NN	Neural Network
FP	Flood Problem
FC	Financial Economics
GR	Ground Radar
CG	Corporate Governance
DBC	Data Base Collection
CWC	Central Water Commissio
TM	Tech Mahindra
GDP	Gross domestic product
ICHARM	International Center for Water Hazard and Risk Management
PI	Polarization Index
VIRS	Visible Infrared Scanner
SW	South West
RL	Real Value
GIS	Geographic Information System
TRMM	Tropical Rainfall Measuring Mission

CAPÍTULO 1
INTRODUÇÃO

1.1 INTRODUÇÃO

A informação persistente e constante sobre a precipitação é excecionalmente básica para um período considerável de tempo e para aplicações ambientais, como a antecipação de cheias, o início de ciclones e outras estruturas de tempestade, e a observação do abastecimento de água a longo prazo. Em todo o caso, a tarefa mais difícil da meteorologia consiste em avaliar a precipitação, uma vez que esta ocorre esporadicamente, mas com variedades inconfundíveis no que respeita ao tempo e à área geográfica. As percepções à superfície são insuficientes para detetar a precipitação em todo o mundo [1]. Os sensores baseados em satélites, por sua vez, podem detetar toda a Terra. Quando estas percepções são aprovadas e ajustadas com estimativas terrestres completas e exactas, as percepções baseadas em satélite oferecem uma estimativa mais sensata, precisa e persistente das colecções de informação sobre precipitação a nível mundial, particularmente sobre os mares e em áreas distantes [2]. A flutuação transitória e contígua da precipitação é excecionalmente elevada na região da Índia. A tempestade SW na Índia é 80% fonte de precipitação que é utilizada para água potável e sistema de água. As variações fugazes da precipitação SW afectam em grande medida a eficiência agrária, o controlo dos recursos hídricos e a economia do país. A flutuação da precipitação provocará grandes inundações numa parte do país, embora a outra parte passe simultaneamente pela estação seca.

De todos os eventos cataclísmicos, as inundações são as calamidades mais poderosas, inevitáveis e regulares e causam um infortúnio substancial a vidas humanas e propriedades de forma consistente. Conforme indicado pelas medições mais recentes, a quantidade de pessoas afectadas pelas cheias tem vindo a aumentar rapidamente devido às condições climáticas ultrajantes, à urbanização em expansão e à falta de reação às calamidades [3]. Reconhecer o grau de inundação e avaliar o infortúnio para aliviar, salvar e compensar os indivíduos afectados. Habitualmente, a reunião de indivíduos faz revisões no terreno das regiões afectadas e distingue os infortúnios. No entanto, em muitas ocasiões, as regiões afectadas pelas cheias estão bloqueadas, o que torna as inspecções no terreno problemáticas. As inundações podem ser identificadas em constante proximidade, utilizando satélites, uma vez que estes proporcionam uma inclusão sucinta, uma elevada periodicidade e disposições especiais sobrenaturais. As estruturas de aviso prévio de inundações são as estratégias mais valiosas para reduzir os danos causados pelas inundações. No entanto, para realizar estruturas de aviso prévio fiáveis, são necessários medidores de precipitação exactos [4]. No entanto, é extremamente difícil quantificar a precipitação quando as redes de estimativa baseadas no solo, como medidas de precipitação ou radares climáticos, são inadequadas ou inexistentes. A partir de agora, é fundamental determinar a precipitação e o grau de inundação a partir dos sensores baseados em satélites, uma vez que estes fornecem dados concisos, experientes, sólidos e lógicos, incluindo à escala mundial [5]. Este trabalho de postulação examina os benefícios da precipitação determinada por asteróides e os métodos para obter o grau de inundação espacial a partir de asteróides e a sua relevância para a prevenção de inundações, a reação a inundações e o alívio de inundações na Índia. Os surtos de Leh em Jammu e Caxemira, devido a nuvens e inundações extremas devido a twister, foram considerados como análises contextuais para mostrar a utilização da revisão atual.

1.2 MEDIÇÃO DA PRECIPITAÇÃO

1.2.1 Instrumentos de solo

A precipitação é um fator profundamente espacial e é estimada normalmente por estações fixas de medição de precipitação baseadas em pontos. As estações de medição de precipitação fornecem uma estimativa moderadamente imediata da precipitação num determinado ponto, mas a sua acessibilidade quase contínua e num objetivo espacial adequado é limitada. Além disso, as estimativas das estações de medição de precipitação têm erros provocados pelo vento e uma estimativa pontual aborda a inclusão adequada [6]. A informação proveniente de perdas de precipitação de entidades e a organização de perdas de precipitação têm sido utilizadas há mais de 100 anos para examinar as ligações de precipitação e, mais recentemente, para determinar modelos hidrológicos. As redes habituais de controlo de precipitação sobre a terra e os flutuadores sobre o mar fornecem uma estimativa exacta da precipitação em áreas explícitas e são considerados como a informação de referência padrão. Seja como for, a apropriação desequilibrada dos controlos de precipitação em distritos desabitados como desertos, locais orográficos, etc., limita a utilização desta informação à escala mundial [7]. As organizações espessas são concebíveis em regiões minúsculas por razões explícitas (por exemplo, precaução contra inundações), mas são restritivamente dispendiosas e estrategicamente difíceis para a inclusão espessa de regiões maiores. A inclusão de medidores de precipitação a nível mundial no objetivo geográfico e fugaz fundamental para a inspeção e visualização hidrológica mundial não é, por conseguinte, considerada, até à data, como exequível. De facto, mesmo à escala territorial e de vizinhança, a inclusão de medidores de precipitação não é estrategicamente concebível ou financeiramente viável. Por exemplo, várias nações da Ásia Oriental e de África não dispõem sequer de um quadro e de administrações de informação fundamental sobre a precipitação [8].

1.2.2 Radares terrestres

Os radares climáticos terrestres são igualmente úteis para estimar a precipitação à distância. Os sensores de radar são aparelhos dinâmicos que produzem emissões em frequências que se situam algures na gama de 1 a 10 cm. A reverberação das gotas de chuva é obtida pelo radar. Os radares terrestres são utilizados há quase 50 anos em algumas regiões do planeta. Eles têm restrições para utilização mundial devido à escassa inclusão de informações e limitações de custo e cálculo para expandir a inclusão atual. Além disso, o mecanismo de radar terrestre tem limitações forçadas em regiões geológicas ultrajantes (montanhas e regiões de difícil acesso) e com névoas convectivas e estruturas de tempestade [9, 10]. Para ocasiões de tempestades enormes, como tempestades, tanto as percepções de radar como as de medidores de precipitação podem ter baixa precisão e potencial infortúnio de informação [11]. Os radares são dispendiosos e difíceis de manter e a sua exatidão diminui com a separação do radar. Apesar da estimativa precisa da precipitação através de medidores de precipitação, radares climáticos e flutuadores, o seu transporte heterogéneo sobre a terra e as estimativas moderadamente escassas sobre mares enormes fazem da recuperação baseada em satélites a melhor forma de avaliar a precipitação para se concentrar na sua elevada flutuação espacial-transiente à escala mundial e provincial.

1.3 INUNDAÇÕES

No momento em que a libertação de um riacho ultrapassa o volume do seu canal, faz com que o curso de água seja inundado, provocando inundações. A precipitação persistente é a excelente justificativa por trás da expansão na liberação. Com chuvas incessantes, a sujeira fica imersa e o limite de armazenamento da sujeira diminui, levando à expansão do transbordamento da superfície. A recorrência das inundações numa bacia depende de muitas variáveis, como o aspeto e a dimensão da bacia de infiltração do curso de água, a penetrabilidade da terra e do cascalho na bacia de resíduos, a cobertura vegetal na bacia, a quantidade de alimentadores que fluem para um curso de água e o ângulo da bacia. As influências humanas são a urbanização da planície de inundação, a desertificação dos campos de inundação e os resíduos de tempestades mal orientados nas zonas urbanas. Além disso, as alterações ambientais afectam de forma gigantesca a força e a circulação da precipitação, influenciando assim as inundações.

1.3.1 Problema das inundações na Índia

As inundações são um dos maiores perigos regulares sucessivos e inevitáveis do mundo. A Índia é uma das nações mais afectadas pelas cheias no planeta. 23 dos 35 estados e domínios associativos da nação são susceptíveis de inundações e quatro milhões de hectares de terra, cerca de um oitavo da região geológica do país, são susceptíveis de inundações. As inundações ocorrem em praticamente todas as bacias hidrográficas da Índia. O fator fundamental das cheias é a precipitação abundante, a falta de capacidade dos cursos de água para passarem as cheias elevadas e a incompetência dos resíduos para redirecionar a água rapidamente para os cursos de água [12]. Normalmente, perdem-se centenas de árvores, milhões de pessoas ficam desamparadas e um grande número de hectares de culturas é prejudicado todos os anos. As inundações também causam interrupções na organização das comunicações dos meios de comunicação, na organização dos transportes e causam danos aos serviços públicos, às empresas e às propriedades. São as cheias constantes que provocam inundações nas províncias da Índia. Estes cursos de água têm grandes descargas devido a chuvas substanciais durante o transporte de enormes volumes de resíduos para os campos. Na eventualidade de as inundações se prolongarem por períodos mais longos, os cursos de resíduos ficam impedidos e as águas crescentes permanecem. Dado que os cursos de água são excecionalmente poderosos por natureza, após a secção da onda de inundação, há mudanças nos rolamentos dos cursos de água e no entrançamento dos canais, causando a desintegração das margens e a declaração de dívida. Por exemplo, as regiões do norte de Bihar são atravessadas pelos cursos de água dos Himalaias, a maior parte dos quais começa. As descargas elevadas estão relacionadas e uma imensa quantidade de resíduos é deslocada para jusante, causando uma diminuição dos limites de desvio e provocando um derrame generalizado nas margens e a subsequente imersão. Além disso, a desintegração e a abertura de novos canais têm provocado a imersão inevitável de novas regiões na bacia do ribeiro Kosi. No sul de Bihar, a questão prende-se com as descargas abundantes dos alimentadores do Ganga, como o Son, o Punpun, etc. As colheitas da Kharif em toda a região são normalmente prejudicadas devido à submersão pesada e tardia. O Brahmaputra e os seus alimentadores armazenam ainda enormes sedimentos devido às cheias, diminuindo assim o limite de transporte dos canais de água. Tipicamente nos Himalaias, as cheias ocorrem aqui e ali devido à agitação de lagos frios e são conhecidas como GLOFs. Não podemos impedir eventos cataclísmicos como inundações e tornados, mas através de uma organização cuidadosa dos métodos executivos de inundação, podemos diminuir o efeito dos danos. Além disso, a execução e a decisão estratégica, a utilização de aparelhos lógicos e especializados actuais para o bom funcionamento do quadro são igualmente necessários.

1.3.2 Deteção de inundações

Sondagens no terreno

A avaliação do grau real de inundação não pode ser planeada basicamente através de visitas de campo devido à imensa região e à disponibilidade e estabilidade devido à subida das águas. As descargas de cheias são calculadas através da utilização de controlos de caudal que são fixados em destinos de estimativa, normalmente na conversão de caudais de cursos de água. No nosso país, a Comissão Central da Água (CWC) criou uma organização de estações de perceção hidrológica em cursos de água que reúnem limites hidrológicos, meteorológicos e de qualidade da água. Estes destinos de descarga medem regularmente o volume de descarga das cheias durante a preparação para as cheias, mas não fornecem dados para aliviar o quadro.

Papel dos satélites

A deteção remota é a estratégia mais razoável para reconhecer o grau espacial da inundação e os danos com ela relacionados, quando não é possível a perceção no terreno. Após a ocorrência de uma inundação, as actividades de alívio e salvamento são organizadas rapidamente, a fim de prestar ajuda de emergência aos indivíduos afectados e diminuir a probabilidade de danos opcionais. O plano pormenorizado de actividades de inundação depende da situação atual das inundações para alertar os ocupantes para medidas de segurança e medicinais. Por conseguinte, a situação das inundações no terreno deve ser verificada constantemente, o que é possível através da deteção remota utilizando satélites ou voos. Os poderes centrais/estaduais de reação a calamidades são responsáveis pela orientação das tarefas de socorro e salvamento em qualquer momento em que ocorra uma catástrofe. Os mapas de imersão de inundações baseados em satélites são uma contribuição vital para o levantamento do movimento das águas em ascensão e da gravidade das circunstâncias de inundação [13].

As informações dos sensores ópticos na zona do infravermelho percetível e os dados dos sensores SAR na zona das micro-ondas são utilizados para o planeamento e controlo rápido das inundações no que diz respeito à premissa funcional. Ao contrário dos sensores ópticos (perceptíveis/infravermelhos), os sensores SAR, devido à sua capacidade de funcionar durante o dia e à noite e em praticamente todas as circunstâncias climáticas, surgiram como um dos principais aparelhos para fornecer dados sólidos e actualizados sobre catástrofes de inundações [14, 15]. Os satélites de perceção da Terra permitem um controlo persistente do ambiente, tal como os limites da superfície, creditando as maravilhas [16]. A reflexão da luz do dia de um artigo em diferentes grupos horríveis na gama aparente fornece dados sobre o artigo. Não obstante, a presença de nevoeiros pode dificultar a perceção ótica das inundações por satélite durante a época das tempestades. Todas as capacidades climáticas são utilizadas nestas condições. A Tabela 1.1 mostra o resumo de alguns satélites utilizados para inferir o grau de inundação.

Tabela 1.1: Lista de alguns satélites utilizados para adquirir a extensão das inundações

S.N.	Satélite/ Sensor/ Modo	Res. Espacial (m)	Res. Espectral (pm)	Faixa (km)
1	IRS-P6 E RECURSOSAT-2/ AWiFS	56	B2: 0.52-0.59 B3: 0.62-0.68 B4:0.77-0.86 B5: 1.55-1.70	740
2	IRS-P6& RESOURCESAT-2/ LISS-in	23.5	B2: 0.52-0.59 B3: 0.62-0.68 B4:0.77-0.86 B5: 1.55-1.70	141
3	IRS P6 & RESOURCESAT-2/ LISS-IV	5,8 no nadir	B2: 0.52-0.59 B3: 0,62-0,68 B4:0,77-0,86	23.9
4	Aqua e Terra / MODIS	250	36 no visível, NIR e térmico	2330
5	OCEANSAT-2	360	Oito bandas estreitas no visível e no NIR	1420
6	Cartosat/ PAN	2.5-1	0.5- 0.85	30-10
7	Radarsat/ SAR/	100-8	ScanSAR Largo/ Estreito/padrão/fino	500-50
8	RISAT-1/ SAR	36-2.3	CRS/MRS/FRS- 1&2	220-25
9	RISAT-2	Im	Mapa da faixa de rodagem	25-10
10	TERRASAR-X	100-1	ScanSAR/Wideregio n/Stripmap/spotlig ht	200-10
11	COSMO-SkyMed			
12	Sentinela	5-40	Mapa da faixa de rodagem	80-400

CAPÍTULO 2

REVISÃO DA LITERATURA

2.1 INTRODUÇÃO

2.1.1 Chuvas fortes e inundações

A informação sobre o brilho visível do TRMM VRIS, a informação sobre a temperatura do brilho do TMI e a taxa de precipitação do PR foram recolhidas em Odisha durante o longo período de setembro de 2011 e são investigadas. A informação sobre a queda de água acumulada do TRMM 3B43 foi utilizada para avaliar a medida da força da precipitação observada em Odisha durante o mês de setembro de 2011. Para avaliar a precipitação total, utilizou-se a precipitação determinada por satélite em conjunto com a precipitação observada a partir das medidas de precipitação e a matriz de precipitação mês a mês. O procedimento é apresentado na Figura 2.1.

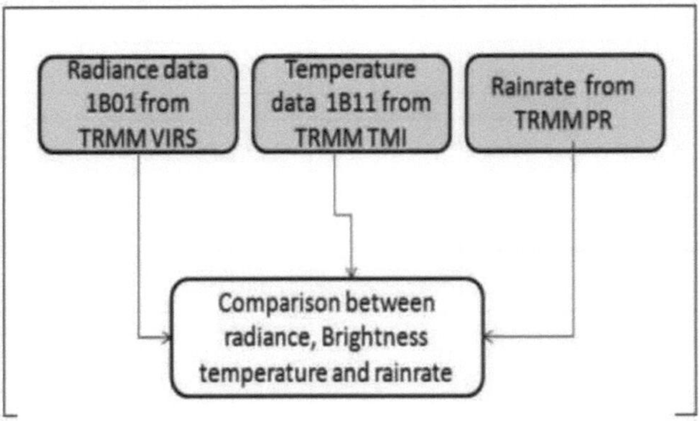

Figura 2.1: Fluxograma para investigação de humidade

Exame do escoamento das cheias: - Foi utilizado um modelo hidrológico circulado do IFAS, criado pelo ICHARM, Japão [7, 8]. O escoamento do rio na estação de medição de Konta na bacia do Sabari foi recriado utilizando conjuntos de dados de objectivos grosseiros a nível mundial sobre medidores de precipitação, ambiente, etc., e contrastado com o escoamento em terra.

Exame de expetativa de inundação

i A informação global AMSR-2 Nível 3 foi recolhida em círculo ascendente em vários grupos de objectivos [9]. A partir dos índices de informação, a área indiana é representada e as temperaturas de iluminação nas polarizações vertical e uniforme dos grupos Xband e Ka são removidas nas estações de controlo

ii A informação diária de precipitação contínua acumulada do TRMM 3B42-RT foi recolhida durante os meses de abril a agosto no sítio da NASA em formato ASCII. As imagens raster foram preparadas a partir da informação ASCII e a precipitação nas estações de controlo é recuperada e os padrões de precipitação são desenhados.

iii Os dados sobre o nível da água em seis estações de controlo foram recolhidos no sítio da CWC [10]. Foram elaborados diagramas hidrológicos do nível da água para todas as estações de controlo.

As estimativas de PI são avaliadas em mais de seis estações de medida em dois períodos: abril a agosto. Os padrões mundiais de PI na banda X são atraídos por um círculo ascendente. Os padrões de IP, precipitação e hidrografia foram examinados em todas as estações de controlo para estabelecer uma relação para a previsão de inundações. Das seis estações de medição, a estação de controlo de Neamatighat foi escolhida para examinar a previsão de inundações prováveis em função da precipitação e da subida do nível da água. Foi efectuado um exame das ligações e das recaídas.

2.1.2 Análise espacial da extensão das inundações

As imagens de radar de abertura fabricadas por micro-ondas fornecem dados sobre a abundância e o estado do terreno e são geralmente utilizadas para aplicações em inundações. Uma vez que o SAR é inteligível por natureza, as imagens têm uma comoção intrínseca e foi efectuada uma análise para propor o melhor canal para a diminuição da mancha. Foi efectuado um estudo de avaliação sobre os métodos de ordenação para apresentar uma estratégia de agrupamento ideal para a representação da subida das águas, especialmente durante o modo rápido. Utilizando os conjuntos de dados de satélite multi-fleeting obtidos durante as cheias, foi concluída a identificação das regiões inclinadas às cheias. A figura

2.2 mostra o fluxograma das investigações efectuadas para o exame espacial do grau de inundação.

2.1.3 Avaliação de filtros de manchas

O ponto (uma comoção granular) corrompe a natureza das imagens SAR e o conteúdo dos dados [14]. A compreensão das imagens, o reconhecimento e as medidas de agrupamento de paisagens tornam-se extremamente difíceis devido à presença de clamor de pontos. Os canais de pontos versáteis alteram as imagens dependendo de medidas que são extraídas do clima da vizinhança de cada pixel [11]. A separação versátil utiliza o desvio padrão dos pixels dentro de uma caixa próxima que engloba cada pixel para calcular a estima do pixel [12]. Normalmente, o primeiro valor do pixel é suplantado por outro valor determinado em função dos pixels legítimos circundantes (aqueles que cumprem as medidas de desvio padrão).

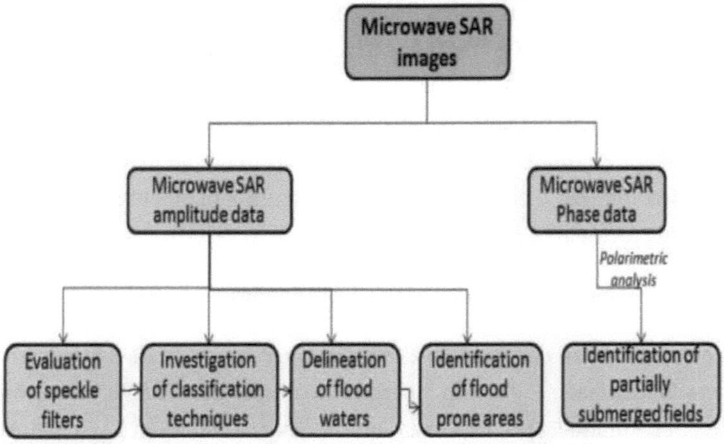

Figura 2.2: Fluxograma que mostra o processo de investigação da extensão espacial das inundações

2.2 REVISÃO DA LITERATURA

Barclay et al. [1], as ocasiões de precipitação ultrajante têm-se tornado mais regulares e mais excepcionais nos últimos tempos, provocando grandes inundações. Os possíveis efeitos, particularmente para as estruturas de transporte como ruas e ramais, são amplificados devido à sua idade. Para além disso, as estruturas de transporte são obrigadas a manter-se atentas ao avanço crescente dos terrenos, o que provoca um maior fluxo de água para os cursos de água. Para aliviar os efeitos subsequentes do derrube de andaimes e das perdas de tempo nas ruas para as pessoas em geral, sugere-se um dispositivo de produto que aumenta a dinâmica na reação a catástrofes em ocasiões de precipitação ultrajante. Para a realização do dispositivo de produto, é criado um modelo exato da paisagem de superfície de objetivo elevado (contando canais, ruas e fundações para extensões e cursos) da região de estudo escolhida, utilizando colecções de informação QL2 LiDAR.

Gauhar et al. [2], o Bangladesh é um país sujeito a inundações. Com activos restritos e uma parte significativa da população a viver abaixo do limiar da miséria, os impactos das cheias são graves. Falecimentos, problemas de saúde, doenças de longo alcance, danos nas fundações, perturbações na economia são alguns dos eventuais resultados desta calamidade. Para pôr em prática um quadro de gestão das inundações, é fundamental antecipar as ocasiões de inundação. Neste trabalho, aplicámos diversos coeficientes de ligação para a escolha de destaques e o cálculo dos vizinhos mais próximos (k-NN) para a previsão de cheias. O exame minucioso dos resultados mostra que conseguimos uma exatidão de teste elevada de 94,91%, uma precisão normal de 92,00% e uma revisão normal de 91,00% utilizando o modelo k-NN AI.

Wuebbles et al. [3], os modelos de fluxo de águas pluviais são produzidos para o fluxo nos pontos de passagem do fluxo e da extensão, e através de condutas em diferentes períodos de tempestade. O instrumento de programação subsequente coordenará o transbordamento de extensões e a prova de distinção de áreas de perda de tempo de rua para mostrar a gravidade do efeito para bacias hidrográficas escolhidas de forma quase constante. Este dispositivo será como programação de código aberto (por exemplo, Python) e um guia intuitivo para mostrar as áreas e níveis de gravidade dependentes da contribuição de informações de chuva para a região de exame. O documento apresenta em primeiro lugar a estratégia proposta, subentende as estratégias de seleção e preparação da informação e, em seguida, examina uma investigação contextual. Os resultados aprovam os passos iniciais para a recolha e tratamento da informação, a fim de facilitar a sua apresentação e análise.

As marcas de água alta fornecem informações importantes para obter ocasiões de inundação posteriores e autênticas. A seleção adequada e, além disso, o registo de informações sobre as marcas de água alta a partir de provas transitórias e guardadas educa os executivos na avaliação das cheias, na investigação e na gestão dos recursos hídricos. Dado o custo significativo das inundações nas regiões criadas, os hidrógrafos experientes, utilizando os melhores métodos acessíveis, podem contribuir com informações de primeira qualidade para esforços como a formação financiada pelo Estado do risco de inundação, planeamento de imersão em inundações, cálculos de recorrência de inundações, estimativa de caudal de retorno e avaliações de perigo [4, 5].

Este compêndio apresenta orientações para a prova de reconhecimento de marcas de cheia dotadas de talento, incorporando marcas abandonadas em condições normais e artificiais por águas calmas e rápidas. Este manual apresenta igualmente armadilhas e dificuldades relacionadas com os diferentes tipos de provas de inundação que ajudam os hidrógrafos a distinguir as melhores marcas de água alta e a avaliar a vulnerabilidade relacionada com uma determinada marca [6, 7, 8]. A capacidade de recolha de informação sobre os marcos de preia-mar contribui para uma melhor compreensão da medida da inundação e diminui o risco através de uma capacidade mais notável de avaliar a probabilidade de inundação.

O planeamento rápido das inundações é fundamental para que os especialistas da vizinhança e os socorristas possam caraterizar as regiões que necessitam de uma deliberação imediata. Não obstante, as práticas convencionais de recolha de informação, por exemplo, a deteção à distância e o estudo de campo, negligenciam regularmente a oferta de dados oportunos durante ou logo após uma inundação [9, 10]. Os meios de comunicação baseados na Web, por exemplo, o Twitter, surgiram como outro ponto de acesso à informação para os executivos de calamidades e o planeamento de inundações.

Nova metodologia para planear a inundação de forma quase constante, utilizando a informação do Twitter em medidas geoespaciais. Em particular, nesta investigação, dissecámos inicialmente os exemplos espácio-temporais de tweets relacionados com inundações, utilizando técnicas quantitativas para ver como o movimento do Twitter é identificado com as maravilhas das inundações [11].

Depois, nesse momento, foi criado um modelo de planeamento de inundações baseado em partes para planear as oportunidades de inundação para a região de investigação, dependendo dos focos de estatura da água obtidos a partir de tweets e verificações de riachos. Os exemplos reconhecidos de movimento do Twitter foram utilizados para nomear as cargas dos limites do modelo de inundação. A plausibilidade e a precisão do modelo foram avaliadas através do contraste entre o rendimento do modelo e os mapas de imersão oficiais. Os resultados mostram que a abordagem proposta pode fornecer uma avaliação fiável e equivalente da circunstância de inundação quase constante, o que é fundamental para o avanço da consciência situacional durante uma ocasião de inundação para ajudar a dinâmica [12].

Os dados e dispositivos geográficos são cruciais em todas as partes do quadro de emergência: preparação, resposta, recuperação e controlo. A informação geográfica feita por habitantes principiantes, na maior parte das vezes conhecida como informação geográfica contribuída, tem efetivamente dado uma alternativa intrigante em oposição à informação autêntica padrão das associações e organizações organizadoras, e um par de artigos em progresso têm dado o início de uma composição sobre as questões mais significativas levantadas por esta nova fonte. A qualidade dos dados é uma grande preocupação, uma vez que a informação contribuída é confirmada e não transmite nenhuma das asserções que levam à confiança em dados definitivamente elaborados. Durante as emergências, o tempo é a medula, e os riscos relacionados com a informação contribuída são consistentemente contrabalançados pelos benefícios da sua utilização [13, 14]. Um modelo é inspeccionado utilizando os quatro incêndios de propagação rápida que influenciaram a localidade de Santa Bárbara em 2007-2009, e são traçadas práticas.

Feng et al. [15], apresentam a surpreendente visão do mundo da deteção de residentes com base em sensores portáteis e na perceção humana, ou seja, as pessoas como residentes na Web universal, circulando como sensores e partilhando as suas percepções e perspectivas utilizando telemóveis e administrações da Web 2.0.

2.3 LACUNA DE INVESTIGAÇÃO

Todas as imagens sigma nothing são matematicamente co-enumeradas com uma imagem especializada em precisão. Existem estratégias de agrupamento que utilizam procedimentos baseados em pixéis e situados em objectos, como o procedimento Single edge, a divisão de imagens, a análise de texturas, etc. Uma estratégia para a extração e agrupamento de objectos no simbolismo SAR, utilizando os procedimentos de divisão de margens e extração de caracteres. Em diferentes cortes de vias navegáveis, é determinada a retrodifusão normal dentro do limite ascendente. Este valor é aceite como o limite de um incentivo para ordenar a água na imagem que é - 17 dB para esta imagem. Utilizando o retrato, o agrupamento foi concluído dando a situação abaixo.

A divisão da imagem é mais uma estratégia significativa em que a imagem é dividida em distritos que têm os mesmos números computorizados e a mesma superfície. Os constituintes que estão espacialmente associados e têm qualidades comparáveis são reunidos num fragmento solitário. Foi proposto um cálculo dependente da morfologia das dimensões e da peneiração não linear consecutiva para remover os protestos de água no simbolismo SAR.

CAPÍTULO-3

PREVISÃO DE INUNDAÇÕES E APRENDIZAGEM PROFUNDA

3.1 CHUVAS FORTES E INUNDAÇÕES

Uma das principais utilizações da precipitação espacial é a hidrologia e a previsão de cheias. A inundação extrema de setembro de 2011, devido a uma precipitação substancial, foi tomada como análise contextual para analisar o efeito da precipitação nas inundações. A figura 3.1 mostra a parte de uma imagem de sombreamento utilizando grupos visíveis, próximos do cardinal e infravermelhos do sensor VIRS. As névoas espessas nas camadas superiores aparecem em tons rosados (destacados como estrela escura na imagem) devido à elevada reflectância na banda visível e o brilho das nuvens é superior a 48. A temperatura do esplendor cativado das névoas na direção ascendente é observada no meio 215 - 273 K da TMI a 85 GHz e é mostrada na Figura 3.2. A parte transversal do nível da precipitação a 2,0 km de altura é registada a partir de PR, como se mostra na Figura 3.3, e o perfil 3D da precipitação à superfície, tal como visto por PR, é mostrado na Figura 3.4. Verifica-se que foi criada uma enxurrada substancial na camada superior à enxurrada de peso na camada inferior [23]. De um modo geral, havia pedras de gelo sobre a chuva que se formou em alturas elevadas, como mostra a Figura 3.3. A temperatura do esplendor diminuiu devido à dissipação de micro-ondas provocada por estas pedras preciosas de gelo. Assim, a interação da precipitação nas brumas e as qualidades da precipitação serão reveladas pela estimativa síncrona destes três sensores [24].

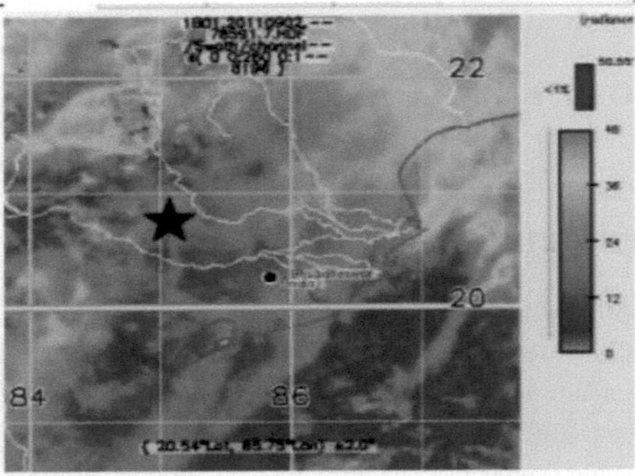

Figura 3.1: Composto de cores VRIS RGB

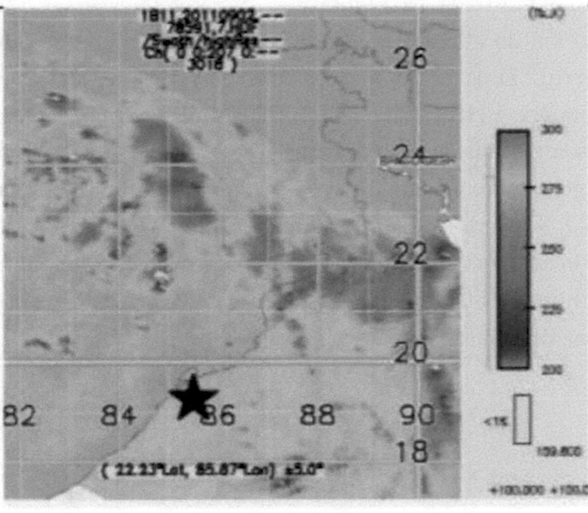

Figura 3.2: Temperaturas de brilho TMI 85 GHz V Pol

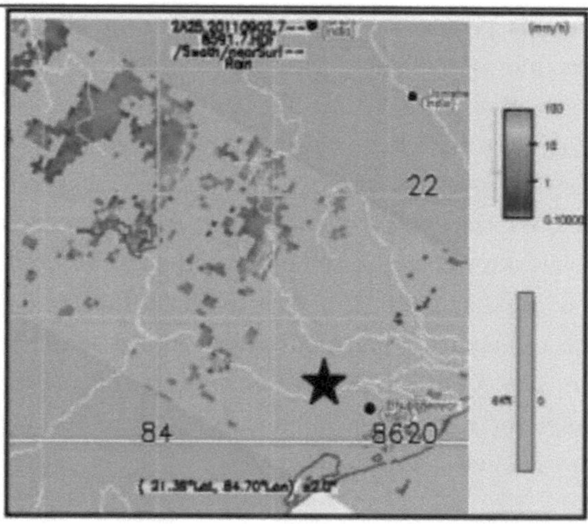

Figura 3.3: PR Região transversal horizontal da chuva a 2,0 Km de altura

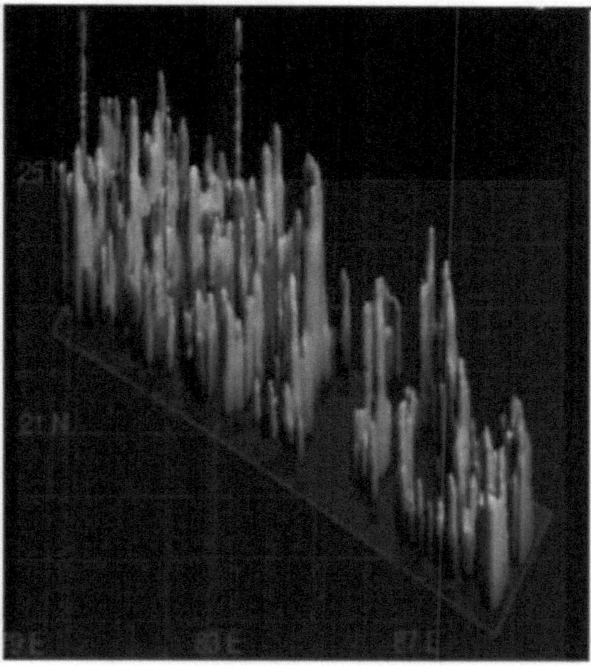

Figura 3.4: Perfil de chuva à superfície do PR 3D na manhã de 2 de setembro

A análise consolidada da precipitação por multi-satélite do TRMM3B42 , que recolhe todos os dias informações sobre a precipitação em Odisha, foi analisada para o período de setembro de 2011. Os resultados revelaram que, durante a primeira semana e o terceiro período de sete dias de setembro de 2011, ocorreram precipitações substanciais em Odisha, provocando graves inundações. A figura 3.5 mostra as imagens da precipitação quotidiana da segunda à décima segunda semana. Devido às chuvas torrenciais, as inundações começaram com um período de inatividade de 2 dias. Além disso, as chuvas torrenciais de 6 e 7 de setembro de 2011 provocaram um aumento das inundações em 8 de setembro de 2011, como mostra a figura 3.6a. Verificou-se que a precipitação de mais de 10-20 mm ocorreu nas bacias superiores, provocando inundações de grande dimensão na via fluvial de Mahanadi e nos seus alimentadores.

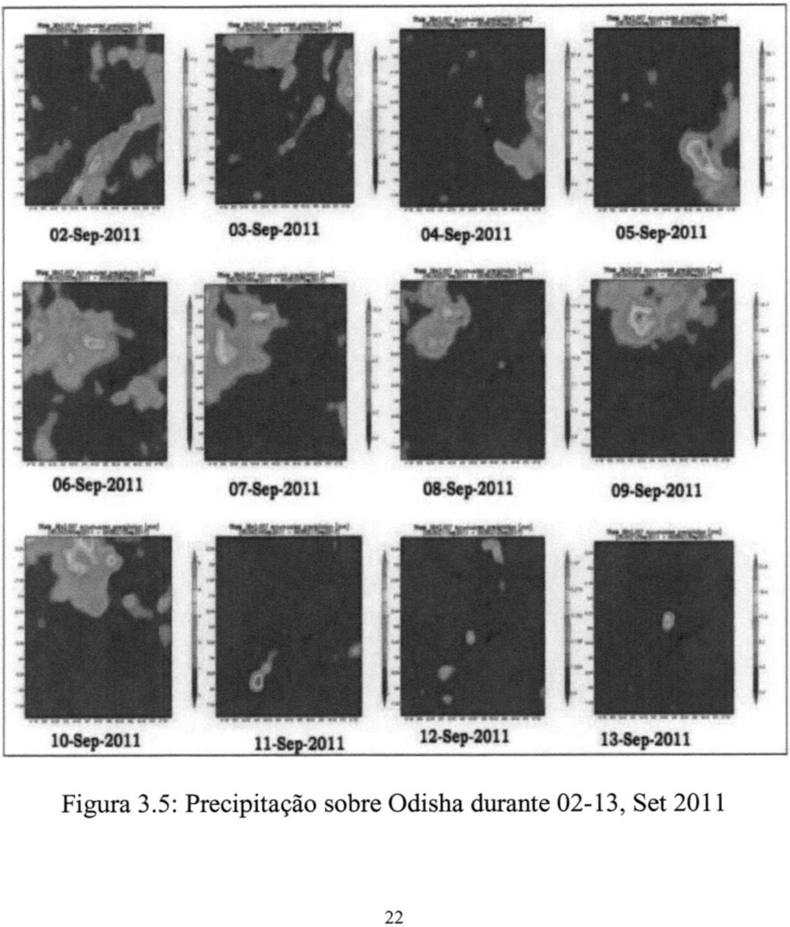

Figura 3.5: Precipitação sobre Odisha durante 02-13, Set 2011

3.2 ANÁLISE DO ESCOAMENTO DE CHEIAS

A investigação mostra que as descargas de topo reproduzidas do GSMap e do TRMM estão quase em sintonia com as descargas de topo registadas. Não obstante, há uma distinção entre o período de duração da inundação reproduzida e o termo de inundação deliberado. Apesar do fato de que as vantagens dos resultados reproduzidos pela precipitação baseada em satélite do GSMap têm uma distinção da liberação estimada, acontece que a circunstância da liberação do pináculo está em compreensão e a inundação foi imitada subjetivamente. O atraso é de 2 dias. Além disso, verifica-se que a distinção entre a libertação recriada e a estimada se deve às variedades de aguaceiros. Se a exatidão da precipitação por satélite melhorar, a precisão das descargas reproduzidas também melhorará. Além disso, o tempo de adiamento da difusão da precipitação por satélite pode ser objeto de reflexão.

3.3 PREVISÃO DA OCORRÊNCIA DE CHEIAS UTILIZANDO O SATÉLITE AMSR-2

Foi efectuado um exame definitivo dos desvios das temperaturas de brilho (TA) em relação à precipitação e ao nível da água na bacia de Neamatighat, em Assam. Como se pode ver na Figura 3.6, as variedades de TA na bacia de Neamatighat são muito elevadas durante os meses de abril a finais de setembro. A marca escura mostra o estado de secura e a marca brilhante mostra o estado de humidade/climatério da sujidade. No final de junho, nota-se um contraste abrupto na AT, demonstrando que as condições de humidade do solo são elevadas, o que pode ser devido à precipitação na vizinhança.

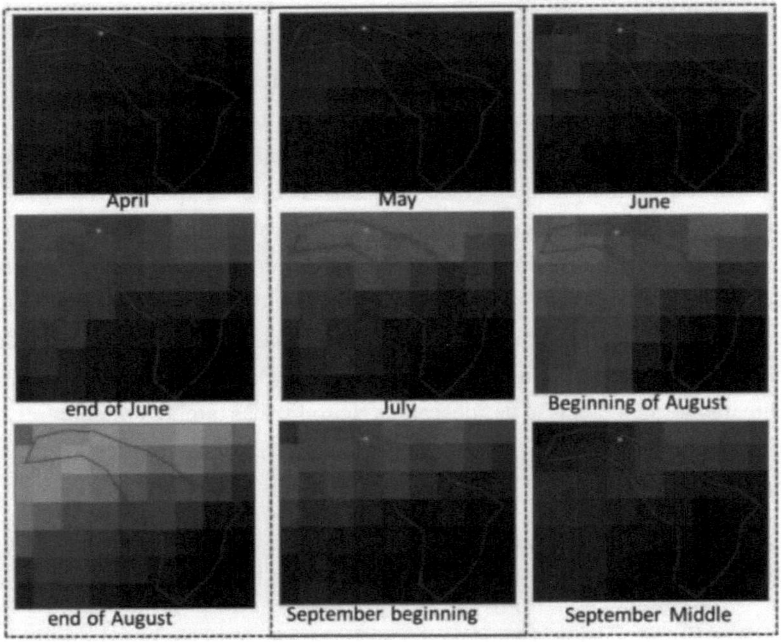

Figura 3.6: Imagens AMSR-2 de AT na banda X na bacia de Neamatighat. O tom vermelho mostra o limite da região da bacia de Neamatighat e o verde demonstra a área da estação de controlo.

A circunstância ganhou com uma mudança direta no meio dos meses. Uma mudança abrupta apareceu nos factores ambientais da estação de controlo, que demonstra condições de humidade extremamente elevadas devido à essência da inundação. A humidade diminui devido à ausência de inundações no final e isto está relacionado com os relatórios de campo.

3.4 APRENDIZAGEM PROFUNDA

Embora estes cálculos de IA já existam há bastante tempo, a inovação mais recente é a capacidade de aplicar significativamente cálculos matemáticos complicados a dados em grande escala. Ao longo do tempo, com o aumento da velocidade e da memória dos computadores, isto ajudou os métodos de aprendizagem automática a desenvolverem-se e a aprenderem com toda uma coleção de dados de treino. A aprendizagem profunda surgiu como uma técnica inovadora para a humanidade, especialmente quando a informação não está estruturada, é ruidosa e enorme. Na realidade, as redes neuronais artificiais são consideradas aproximadores universais de funções porque podem aprender qualquer função com apenas uma camada oculta, independentemente da sua ambiguidade. Por exemplo, é possível criar muitas camadas de redes neuronais, denominadas redes neuronais profundas, com mais potência de computação e memória suficientemente grande. O conceito subjacente a uma DNN consiste em replicar camadas de neurónios artificiais numa estrutura compatível. Há três vantagens principais que a aprendizagem profunda oferece.

- Simplicidade Em vez de emitir mudanças explícitas e indicadores de inclusão personalizados, as organizações profundas dão enormes quadrados estruturais, camadas de rede, em diferentes ocasiões reformuladas para fazer organizações gigantescas.

- Escalabilidade Os modelos de aprendizagem profunda podem ser facilmente escalados para conjuntos de dados enormes. Outras técnicas concorrentes, como as máquinas de kernel, enfrentam graves problemas computacionais quando os conjuntos de dados são grandes

- Transferência de domínio Um modelo treinado numa tarefa invoca outras tarefas correlacionadas, e as caraterísticas aprendidas são um conjunto de uma multiplicidade de tarefas que podem ter informações limitadas disponíveis. As CNN são classificações de organizações neurais profundas que têm sido extremamente produtivas em domínios como, por exemplo, o reconhecimento e a organização de imagens [3].

Os modelos de aprendizagem automática são tradicionalmente treinados para realizar operações significativas com base em caraterísticas construídas manualmente a partir de dados brutos ou em caraterísticas aprendidas com outros modelos básicos de aprendizagem automática. Na aprendizagem profunda, os computadores aprendem automaticamente representações e caraterísticas benéficas a partir dos dados em bruto e contornam esta etapa manual e difícil. As diferentes versões de RNA são, de longe, os modelos mais predominantes na aprendizagem profunda. A principal caraterística popular das técnicas de aprendizagem profunda é o facto de se centrarem na aprendizagem de caraterísticas, ou seja, na aprendizagem automática de representações de informação. Esta é a diferença crucial entre os métodos de aprendizagem profunda e a imagiologia médica. A curiosidade na aprendizagem profunda é geralmente gerada pelas redes neurais convolucionais [4]. Trata-se de um dos desenvolvimentos mais fascinantes da era atual e é também uma forma influente de aprender representações expeditas de imagens e outros dados organizados. Antes de ser possível utilizar as CNN de forma eficiente, estas caraterísticas tinham de ser estabelecidas manualmente ou moldadas por modelos de aprendizagem automática menos potentes. Quando se tornou possível utilizar caraterísticas e funções, a CNN aprendeu com a informação. Muitas das caraterísticas de imagem criadas à mão são classicamente deixadas de lado por se revelarem menos úteis em comparação com os detectores de caraterísticas da CNN [6].

3.5 REDE NEURAL

As redes neuronais convolucionais são uma forma de aprendizagem profunda utilizada predominantemente no domínio da visão computacional na última década em aplicações como a classificação de imagens, a deteção de objectos, a legendagem de imagens, o reconhecimento de dígitos manuscritos, o reconhecimento facial, a segmentação de imagens, o reconhecimento de acções, a deteção de peões, etc. As CNN são redes neuronais constituídas por várias camadas que identificam as caraterísticas camada a camada e constroem as representações das caraterísticas. As camadas iniciais detectam padrões simples que, coletivamente, geram padrões complexos ou abstracções nas camadas posteriores. As imagens de treino são introduzidas na rede que, em cada camada, convolute com um conjunto de pesos e se propaga através de todas as camadas (no sentido da progressão). No final da rede, a diferença é calculada utilizando a função de perda (erros). Com base nesses erros, os pesos são ajustados em cada camada enquanto se propagam na direção inversa. Os pesos são ajustados por uma função de otimização. Um ciclo completo de propagação para a frente e para trás corresponde a uma única iteração, durante a qual os pesos são actualizados, e isto continua até à convergência.

3.6 REDE NEURAL ARTIFICIAL (ANN)

As NN são estruturas de preparação de dados, desenvolvidas e executadas para demonstrar a mente humana. O principal objetivo da investigação sobre as RNA consiste em promover um dispositivo computacional para demonstrar que o cérebro realiza diferentes tarefas computacionais a um ritmo mais rápido do que as estruturas habituais. As RNA realizam diferentes tarefas, como, por exemplo, a coordenação e a ordenação, a capacidade de melhoria e o agrupamento de informações. Estas tarefas são verdadeiramente difíceis para os PCs convencionais, que são mais rápidos em tarefas computacionais algorítmicas e tarefas matemáticas exactas. As RNAs forçam um grande número de componentes de manuseamento excecionalmente interconectados, chamados hubs ou unidades ou neurónios, que, em regra, funcionam em pé de igualdade e são concebidos em modelos padrão [18]. Cada neurónio está associado a outro por uma ligação de associação. Cada interface de associação está relacionada com cargas, que contêm dados sobre o sinal de informação. Estes dados são necessários à rede de neurónios para resolver um problema específico. A conduta agregada das RNA é descrita pela sua capacidade de aprender, rever e resumir a preparação de exemplos ou informações, tal como acontece com a mente humana.

3.7 VANTAGENS DO NN

As NN, com a sua surpreendente capacidade de obter significado a partir de dados emaranhados ou duvidosos, podem ser utilizadas para extrair desenhos e distinguir desenhos que são excessivamente incríveis para serem vistos por uma ou outra pessoa ou outro procedimento de PC. As vantagens das RNA incluem a sua elevada resistência a informações clamorosas, bem como a sua capacidade de ordenar projectos para os quais não foram preparadas. Os diferentes benefícios de trabalhar com RNA incluem:

Aprendizagem adaptativa: Uma RNA é fornecida com a capacidade de descobrir uma abordagem para assumir responsabilidades em função da informação fornecida para a preparação ou início da experiência.

Auto-organização: Uma RNA pode fazer a sua própria aliança ou retrato dos dados que recebe durante o tempo de escolaridade.

Atividade em tempo real: A estimativa das RNA pode ser efectuada de forma equivalente. Estão a ser criadas e construídas engenhocas sem precedentes para tirar partido deste limite das RNA.

Resiliência a falhas: A aniquilação parcial de uma organização neural provoca a degradação da execução. Não obstante, algumas capacidades da organização podem ser retreinadas, mesmo quando a rede é danificada.

3.8 APRENDIZAGEM

A propriedade fundamental de uma RNA é a sua capacidade de aprender. A aprendizagem ou preparação é uma interação através da qual uma organização neural se ajusta a uma melhoria, fazendo alterações legítimas nos limites, provocando a criação da reação desejada. A aprendizagem numa RNA é caracterizada principalmente em duas classes [18].

3.8.1 Aprendizagem supervisionada

Partindo do princípio que uma variável de reação marcada é acessível, a caraterização tem lugar com o tema da aprendizagem genuinamente administrada. A aprendizagem administrada é uma medida em duas fases, no avanço subjacente: um modelo é criado retratando um plano de jogo destinado a classes de dados ou pensamentos. O modelo funciona através do exame de tuplas de coleção informativa representadas por créditos. Cada tuplo é reconhecido como tendo um lugar numa classe pré-definida, tal como restringido por uma das caraterísticas, chamado a ter um lugar numa classe reconsiderada, tal como dirigido por uma das propriedades designada por propriedade de nome de classe. As tuplas de dados são separadas para fabricar o modelo global a partir do conjunto de dados do arranjo.

3.8.2 Aprendizagem não supervisionada

É o tipo de aprendizagem em que não se conhece a classificação de cada teste de preparação e em que o número ou o conjunto de classes a aprender pode não ser conhecido antecipadamente. A necessidade de ter uma variável de reação marcada na preparação da informação a partir do processo de aprendizagem administrada pode não ser satisfeita em determinadas circunstâncias.

3.9 FEED-FORWARD MULTICAMADAS NN

O cálculo da proliferação posterior efectua a aprendizagem em FFNN multifacetada. Uma ilustração desta organização é apresentada na figura 3.7. As fontes de dados são comparadas com as qualidades estimadas para cada teste de preparação. As fontes de dados são tratadas simultaneamente numa camada de unidades que constituem a camada de informação. Os rendimentos ponderados destas unidades são, assim, levados ao mesmo tempo para uma segunda camada de unidades "tipo neurónio", designada por camada secreta. Os rendimentos ponderados da camada secreta podem ser transferidos para outra camada secreta, etc. A quantidade de camada encoberta é discricionária, embora, aos poucos, normalmente seja utilizada apenas uma. Os rendimentos ponderados da última camada secreta contribuem para as unidades que compõem a camada de rendimento, que emana a previsão das organizações para determinados exemplos [18].

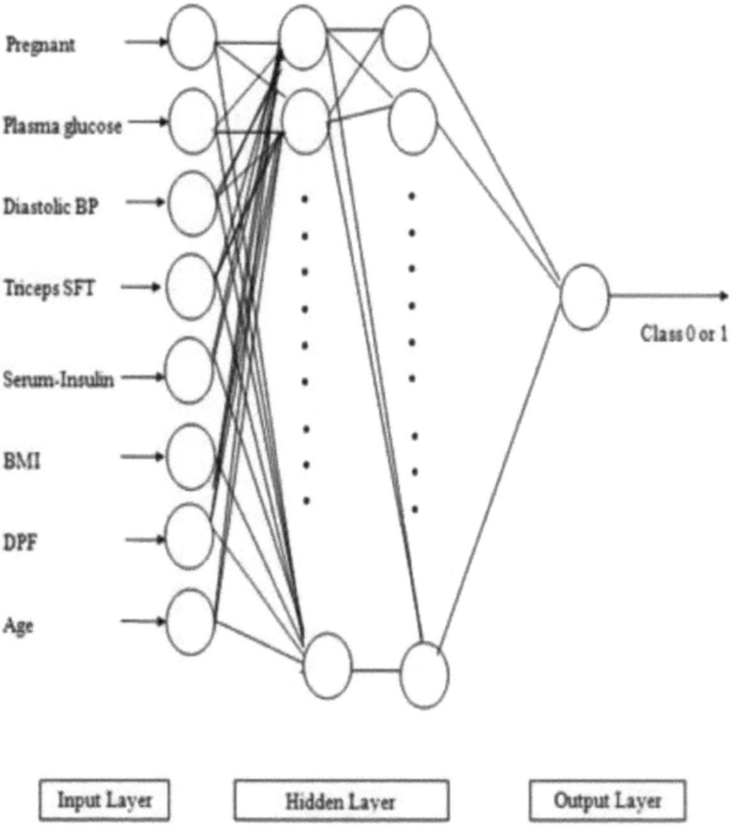

Figura 3.7: Modelo NN feed forward para o diagnóstico da diabetes

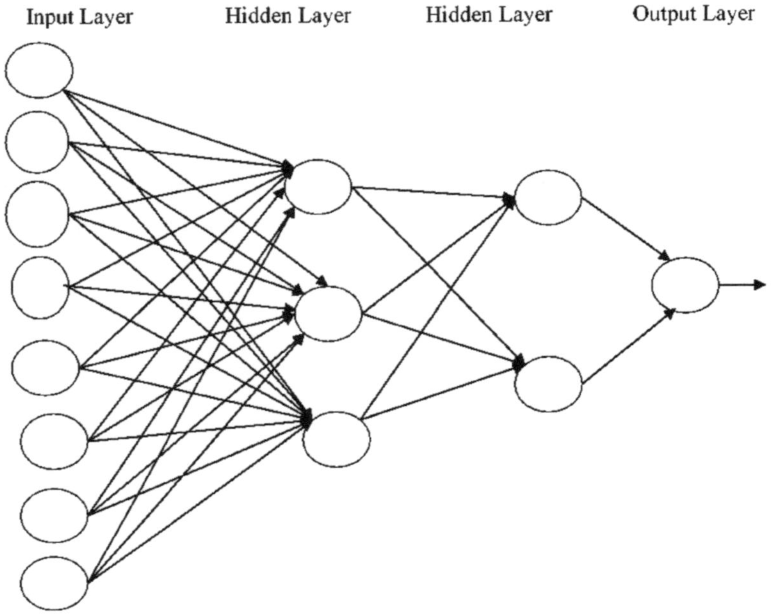

Figura 3.8: Rede neural multicamada feed-forward

3.9.1 Algoritmo de retropropagação (BPA)

Podemos distinguir dois tipos essenciais de organização, as redes com crítica e as redes sem crítica. Na rede com análise, os dados de rendimento podem ser seguidos até aos dados de rendimento. Em todo o caso, existem redes em que, para cada vetor colocado na associação, um rendimento não está realmente estabelecido e este pode ser analisado a partir dos neurónios de rendimento. Só desta forma é possível aceder a um movimento de informação para a frente. As organizações com esta construção são designadas por redes feed forward. Existem diferentes redes que se enquadram nos tipos de redes feed forward. É uma estratégia ordenada para preparar organizações neurais falsas multifacetadas. Tem um estabelecimento numérico que é sólido, se não for profundamente útil. É uma rede de avanço multifacetada que utiliza uma regra de aprendizagem delta baseada na inclinação alargada, normalmente conhecida como regra de retroproliferação. A retropropagação fornece uma técnica computacionalmente eficaz para alterar a carga numa rede de avanço, com uma unidade de trabalho de iniciação diferenciável para ganhar proficiência com um conjunto de preparação de modelos de rendimento de informação. GE Hinton, Rumelhart e R.O. Williams apresentaram originalmente a BPN em 1986. Sendo uma estratégia de mergulho de inclinação, limita o erro quadrático total do rendimento registado pela rede. A organização é preparada por uma estratégia de aprendizagem administrada. O objetivo desta organização é fazer com que a rede alcance uma concordância entre a capacidade de responder com precisão aos planos de dados que são utilizados para se preparar e a capacidade de dar uma resposta extraordinária aos dados que são semelhantes.

3.9.2 Regra de aprendizagem delta generalizada (ou) Regra de retropropagação

O erro quadrático completo do rendimento registado pela rede é limitado por um mergulho de inclinação.

$$y_{-ink} = \sum_i z_i w_{jk} \quad (3.1)$$

$$Z_{-inj} = \sum_i V_{ij} X_i \quad (3.2)$$

$$Y_k = f(y_{-ink}) \quad (3.3)$$

O erro a limitar é

$$E = 0.5 \sum_k [t_k - y_k]^2 \quad (3.4)$$

$$\frac{\partial E}{\partial w_{jk}} = \frac{\partial}{\partial w_{jk}} 0.5 \sum_k [t_k - y_k]^2 \quad (3.5)$$

$$= \frac{\partial}{\partial w_{jk}} (0.5 [t_k - t(y_{ink})]^2) \quad (3.6)$$

$$= -[t_k - y_k] \frac{\partial}{\partial w_{jk}} f(y_{-ink}) \quad (3.7)$$

$$= -[t_k - y_k] f(y_{-ink}) \frac{\partial}{\partial w_{jk}} (y_{ink}) \quad (3.8)$$

$$= [t_k - y_k] f^{1}(y_{ink}) Z_j \quad (3.9)$$

Permita-nos caraterizar

$$\delta_k = -[t_k - y_k] f^{1}(y_{-ink}) \quad (3.10)$$

Peso da associação com a unidade secreta Z;

$$\frac{\partial E}{\partial v_{ij}} = -\sum_k [t_k - y_k] f(y_{ink}) \frac{\partial}{\partial v_{ij}} y \tag{3.11}$$

$$= \sum_k [t_k - y_k] f(y_{ink}) \frac{\partial}{\partial v_{ij}} y_{-ink} \tag{3.12}$$

$$= \sum_k \delta_k \frac{\partial}{\partial v_{ij}} y_{-ink} \tag{3.13}$$

Re-compor a condição e subtrair o valor da *y-tinta*

$$= \sum_k \delta_k \frac{\partial}{\partial v_{ij}} (\sum_j z_j - w_{jk}) \tag{3.14}$$

$$= -\sum_k \delta_k w_{jk} \frac{\partial}{\partial v_{ij}} z_j \tag{3.15}$$

$$= -\sum_k \delta_k w_{jk} \frac{\partial}{\partial v_{ij}} f(Z_{inj}) \tag{3.16}$$

$$= -\sum_k \delta_k w_{jk} f'(Z_{inj}) x_i \tag{3.17}$$

$$\delta_j = -\sum_k \delta_k w_{jk} f'(Z_{inj}) \tag{3.18}$$

A atualização dos pesos para a unidade de saída é dada por

$$\Delta w_{jk} = -\alpha \frac{\partial E}{\partial w_{jk}} \tag{3.19}$$

$$= \alpha [t_k - y_k] f^1 (y_{-ink}) Z_j \tag{3.20}$$

$$= \alpha \delta_k Z_j \tag{3.21}$$

O peso refrescante para a unidade de rendimento é dado por

$$\Delta v_{ij} = \alpha \frac{\partial E}{\partial v_{ij}} \tag{3.22}$$

$$= \alpha f^1 (z_{inj}) x_i \sum_k \delta_k w_{jk} \tag{3.23}$$

$$= \alpha \delta_j x_i \tag{3.24}$$

Esta é a regra de soma delta utilizada na organização do back spread durante a preparação.

3.10 ALGORITMO DE FORMAÇÃO

O cálculo de preparação do back engendering inclui quatro fases, a saber

- Introdução de cargas.

- Avançar.
- Voltar a engendrar o erro.
- Atualização das cargas e predisposições.

Durante a primeira fase, que é a introdução das cargas, são atribuídas algumas pequenas qualidades arbitrárias. Durante a fase de avanço, cada unidade de informação X_i recebe um sinal de informação e comunica-o a cada uma das unidades secretas Z_1, Z_2,....Z_p. Cada unidade secreta determina então o trabalho de execução e envia o seu sinal Z_j a cada unidade de rendimento. A unidade de produção calcula a capacidade de execução para enquadrar a reação da rede para o desenho de informação dado.

Durante a propagação dos erros, cada unidade de rendimento contrasta a sua execução figurada y_k e o seu valor objetivo t_k para decidir o erro relacionado com esse exemplo com essa unidade. Em função do erro, o fator δ_k(k=1....m) é calculado e utilizado para apropriar o erro na unidade de rendimento y_k a todas as unidades da camada anterior. Do mesmo modo, o fator δ_j (j=1..p) é calculado para cada unidade coberta Zj. Durante a fase definitiva, o peso e as predisposições são actualizados utilizando o fator ö e a atuação.

3.10.1 Parâmetro

Os diferentes limites utilizados no cálculo da preparação são os seguintes

x: Vetor de preparação da entrada

x= (Xi, ... , Xi ... , Xn)

O cálculo de preparação utilizado na organização do back spread é o seguinte. O cálculo é apresentado com as diferentes fases:

3.10.2 Inicialização de pesos

Passo 1: Inicializar o peso para qualidades pouco irregulares.

Passo 2: Enquanto a condição de paragem for falsa, siga os passos 3-10

Etapa 3: Para cada par de preparação, efetuar as etapas 4-9

Alimentação para a frente

Passo 4: Cada unidade de informação recebe o sinal de informação x_i e comunica este sinal a todas as unidades da camada superior, por exemplo, às unidades secretas.

Passo 5: Cada unidade secreta (Zj=1...p) totaliza os seus sinais de informação ponderados

$$z_{-inj} = v_{oj} + \sum^{n} \quad {\square=1} \quad x_i v_{ij} \qquad (3.25)$$

Candidatura ao trabalho de iniciação

$$Z_j = f(z_{inj}) \qquad (3.26)$$

Além disso, transmite esta mensagem a todas as unidades na camada acima, por exemplo, unidades de rendimento

Passo 6 Cada unidade de rendimento *(yk,* k=1... m) agrega os seus sinais de informação ponderados

$$y_{-ink} = w_{ok} + \sum^{p} \quad {\square=1} \quad z_j w_{jk} \qquad (3.27)$$

Além disso, aplica a sua capacidade de atuação para calcular os sinais de rendimento

$$Y_k = f(y_{-ink}) \qquad (3.28)$$

3.10.3 Propagação de erros para trás

Passo 7: Cada unidade de rendimento (yk,k=1. m) obtém um exemplo objetivo em comparação com uma conceção de informação, o termo de dados de erro é determinado como

$$\delta_k = (t_k - y_k) f(y_{-ink}) \qquad (3.29)$$

Passo 8: Cada unidade secreta *(Zj,* j=1. n) totaliza as suas entradas delta das unidades da camada acima

$$\delta_{-inj} = \sum_{k=1}^{m} \delta_j w_{jk} \quad (3.30)$$

O termo de dados de erro é determinado como

$$\delta_j = \delta_{-inj} \ f(z_{-inj}) \quad (3.31)$$

3.10.4 Atualização da ponderação e dos desvios

Passo 9: Cada unidade de rendimento (yk, k=1. m) actualiza a sua predisposição e carrega (j=0. p) o termo de ajustamento do peso é dado por

$$\Delta w_{jk} = \alpha \delta_k z_k \quad (3.32)$$

Além disso, o termo de alteração da inclinação é dado por

$$\Delta W_{ok} = \alpha \delta_k \quad (3.33)$$

Assim,

$$W_{jk}(\text{new}) = W_{jk}(\text{old}) + \Delta W_{jk}, \ W_{ok}(\text{new}) = W_{ok} + \Delta W_{ok}$$

Cada unidade secreta (Z_j ,j = 1, ... p) actualiza a sua inclinação e carrega (i=0... n) O termo de revisão do peso

$$\Delta V_{ij} = \alpha \delta_j x_i \quad (3.34)$$

O termo de revisão da inclinação

$$\Delta V_{oj} = \alpha \delta_j \quad (3.35)$$

Posteriormente

$$V_{jk}(\text{new}) = V_{jk}(\text{old}) + \Delta V_{ij}, \ V_{oj}(\text{new}) = V_{oj} + \Delta V_{oj} \quad (3.36)$$

Passo 10: Testar a condição de paragem.

A condição de paragem pode ser a minimização dos erros, do número de idades, etc.

3.11 SELECÇÃO DE PARÂMETROS

Para a atividade competente da rede de back engendering é vital a determinação adequada dos limites utilizados para a preparação. As tarefas de valor subjacentes são examinadas exaustivamente nesta parte.

3.11.1 Pesos iniciais

Terá impacto no facto de a rede atingir um mínimo mundial (ou apenas um mínimo próximo) dos erros e, se for esse o caso, na rapidez com que se une. Se o peso subjacente for excessivamente grande, os sinais de informação subjacentes a cada unidade encoberta ou de rendimento cairão no distrito de imersão, onde a subsidiária da sigmoide tem um valor minúsculo (f(net)=0). Se as cargas subjacentes forem demasiado pequenas, a contribuição líquida para uma unidade encoberta ou de rendimento deslocar-se-á para nada, o que, nessa altura, causa uma aprendizagem incrivelmente letárgica. Para obter o melhor resultado, as cargas subjacentes (e as predisposições) são fixadas em números irregulares entre - 0,5 e 0,5 ou entre - 1 e 1. A instalação de pesos (bias) deve ser possível ao acaso e existe adicionalmente uma metodologia particular, que é examinada abaixo.

3.11.2 Inicialização de Nguyen-Widrow

A aprendizagem mais rápida de um BPN pode ser adquirida utilizando o instatement de Nguyen-Widrow (NW). Esta metodologia depende de uma investigação matemática da reação dos neurónios secretos a uma informação solitária. Esta técnica tem como objetivo desenvolver ainda mais a capacidade de aprendizagem das unidades secretas

$$B=0.7(p)^{1/n}=0.7\sqrt[n]{p}$$

3.11.3 Etapas na inicialização do NW

Para cada unidade secreta, introduzir o seu vetor de peso (a partir das unidades de informação)

Calcular

$$v_j(old)^2 = v_{1j}(old)^2 + v_{2j}(old)^2 + \cdots + v_{nj}(old) \quad (3.37)$$

3.11.4 Seleção da taxa de aprendizagem

Uma taxa de aprendizagem elevada leva a um ajustamento rápido, de qualquer forma que os montes possam influenciar, enquanto uma taxa de aprendizagem mais baixa leva a uma aprendizagem mais lenta. As metodologias sugeridas para a adoção da taxa de aprendizagem são as seguintes

- Começar com uma taxa de aprendizagem elevada e decaí-la de forma fiável. As alterações no vetor de peso devem ser pequenas para diminuir os movimentos ou qualquer diferença.
- Uma pequena ideia é aumentar a taxa de aprendizagem para promover adicionalmente a execução e diminuir a taxa de aprendizagem para melhorar a visualização.
- Um outro procedimento consiste em duplicar a taxa de aprendizagem até que o efeito de bumble se deteriore.

3.12 APRENDIZAGEM EM RETROPROPAGAÇÃO

Há dois tipos de aprendizagem.

- Aprendizagem sequencial ou técnica de pré-exemplo
- Aprendizagem por lotes ou estratégia de pré-idade

Na aprendizagem sucessiva, uma dada conceção da informação é proliferada para a frente, o não realmente definido em pedra e para trás engendrado, e os oitos são actualizados.

Na aprendizagem por grupos, as cargas são actualizadas apenas depois de toda a disposição da rede de preparação ter sido introduzida na organização. Deste modo, a atualização dos pesos só é efectuada após cada idade.

Assumindo p= desenhos numa única idade,

$$\Delta w = \frac{1}{p} \sum_{p=1}^{\infty} \Delta w_p$$

Por vezes, é vantajoso agregar os termos de retificação dos pesos para alguns exemplos e fazer uma única alteração de peso (equivalente à normal dos termos de correção dos pesos) para cada peso, em vez de atualizar as cargas após a introdução de cada exemplo. Esta estratégia tem um "impacto de suavização". De vez em quando, a suavização pode aumentar as probabilidades de montagem para um mínimo próximo.

A motivação para aplicar a rede de multiplicação por trás é conseguir uma congruência entre o reconhecimento e a hipótese; não é de facto vantajoso continuar a preparar-se até que o erro chegue pelo menos a valer a pena. Os dois conjuntos de informações disjuntos utilizados durante a preparação são:

- Conjunto de modelos de formação
- Conjunto de projectos de formação-teste.

As mudanças de peso dependem dos planos de arranjo, assim como o bungle para o planeamento da deterioração do endosso continua. Sempre que a falha começa a aumentar, a rede começa a recolher os planos de arranjo. Atualmente, o planeamento está concluído.

3.13 NÚMERO DE PARES DE TREINO

A quantidade de conjuntos de preparação assume igualmente um papel significativo durante a preparação das redes. Uma regra simples é utilizada para descobrir o número de conjuntos de preparação. Consideremos uma rede preparada para ordenar com precisão a porção 1-(e/2) dos exemplos preparados. Isto implica que agrupará igualmente (1-e) da conceção de teste de forma eficaz, utilizando a condição que a acompanha.

No caso de existirem desenhos de preparação suficientes, os doentes da rede têm a possibilidade de somar o que quiserem. O desenho de preparação suficiente é dado por w/p = e, em que

P = número de desenhos de preparação w = número de cargas a preparar.

3.14 NÚMERO DE UNIDADES OCULTAS

Partindo do princípio de que a capacidade de atuação pode variar com a capacidade, tende a verificar-se que um trabalho com n entradas e m entradas necessita de 2n+1 unidades secretas. Partindo do princípio de que está disponível um maior número de camadas encobertas, o cálculo dos $ é repetido para cada camada secreta suplementar presente, adicionando todos os $ das unidades presentes na camada anterior que é tratada na camada atual para a qual o $ está a ser determinado.

3.14.1 Fator de momento

No BPN, a deslocação do peso está num rumo que é uma mistura do ângulo atual e da inclinação passada. Esta metodologia é vantajosa quando algumas informações de preparação são completamente diferentes de uma grande parte das informações. Utiliza-se uma pequena taxa de aprendizagem para evitar interrupções significativas no rumo da realização quando é introduzido um par de desenhos de preparação excecionalmente surpreendente. Se a energia for adicionada à equação de atualização do peso, a montagem é mais rápida. As cargas de pelo menos um desenho de preparação anterior devem ser guardadas para utilizar a energia. Para o BPN com força, as novas cargas para o passo de preparação t+2, dependem de t e t+1. Descobriu-se que a força permite que a rede efectue enormes alterações de peso desde que a alteração continue de forma geral semelhante para alguns exemplos. Assim, utilizando a força, a rede não continua em direção às inclinações, mas vai em direção à mistura do ângulo atual e do curso passado para o qual é feita a alteração de peso. A razão fundamental para a força é acelerar a combinação do cálculo de engendramento de erros. Esta técnica faz com que o peso atual mude com uma parte insignificante da nova alteração de peso.

Impedimentos do fator força

- A taxa de aprendizagem coloca, tanto quanto possível, a soma pela qual o peso pode ser alterado.
- O fator de impulso pode fazer com que o peso se desloque numa direção que construa o erro.

3.15 Méritos e deméritos da rede de retropropagação

As vantagens e os inconvenientes da rede de back engendering são registados a seguir:

3.15.1 Méritos

- A receita numérica aqui apresentada pode ser aplicada a qualquer arranjo e não necessita de qualquer conhecimento extraordinário dos componentes da capacidade a ser aprendida.
- O tempo de cálculo é reduzido se as cargas selecionadas forem pequenas no início.
- Existe a atualização de cargas por clusters, o que dá um impacto de suavização nos termos de ajustamento dos pesos.

3.15.2 Deméritos

- O número de etapas de aprendizagem pode ser elevado e, além disso, a etapa de aprendizagem tem estimativas sérias.
- A escolha da quantidade de hubs armazenados na organização é um problema. No caso de a quantidade de neurónios encobertos ser pequena, a capacidade de aprendizagem pode não ser talvez abordada, pois o limite da organização é pequeno. Na chance de que a quantidade de neurônios encobertos seja expandida, a quantidade de variável autônoma do trabalho de erro também aumenta e o tempo de registro também aumenta rapidamente.
- No caso de questões complexas, a organização pode necessitar de dias ou semanas para se preparar ou pode não se preparar de forma alguma. O longo tempo de preparação leva a um tamanho de avanço não ideal.
- A organização pode ficar presa nos mínimos da vizinhança, apesar de haver muito mais perto.
- A preparação pode, aqui e ali, fazer com que a estrutura fique instável de forma transitória.

CAPÍTULO-4

METODOLOGIA DE INVESTIGAÇÃO

4.1 MODELO DE NEURÓNIO

Há três actividades utilitárias específicas que ocorrem neste neurónio ilustrativo.

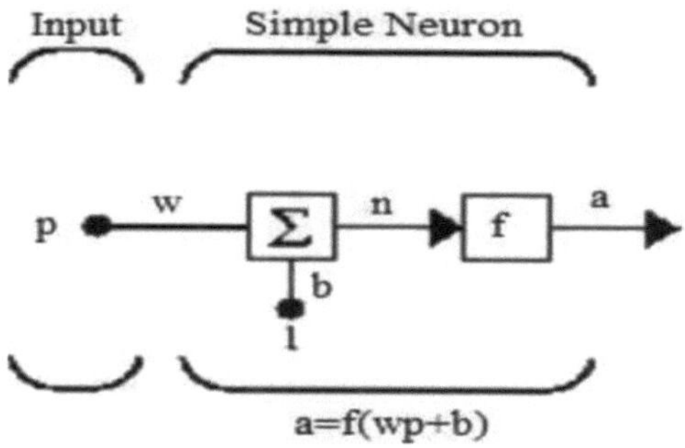

Figura 4.1: Neurónio de entrada única

Em primeiro lugar, os dados escalares p são expandidos pelo peso escalar w para formar a coisa wp, novamente um escalar. Em segundo lugar, os dados ponderados wp são adicionados à tendência escalar b para formar os dados líquidos n. (Para a presente circunstância, pode considerar o ser como deslocar o limite f para o lado por um agregado b. A inclinação é muito parecida com um peso, para além de ter um compromisso constante de 1). Finalmente, os dados líquidos passam pelo trabalho de troca f, o que faz o rendimento escalar a. Os nomes dados a estes três métodos são: o trabalho de peso, o trabalho de dados líquidos e o trabalho de troca. Para estas estruturas neuronais, o trabalho de peso é um efeito secundário de um peso vezes os dados, mas outros limites de peso (por exemplo, a divisão entre o peso e a informação, |w - p|) são em grande medida utilizados. (Para uma visão geral dos limites de peso, digite helps nn weight). O trabalho de dados líquidos mais amplamente percebido é a soma dos compromissos ponderados com a tendência, no entanto, podem ser utilizadas várias funções, por exemplo, aumento. (Para uma visão geral dos limites de dados líquidos, digitar ajuda nnnet input) "Mostrar" inspecciona como a divisão pode ser utilizada como limite de peso e a expansão pode ser utilizada como trabalho de informação líquida. Além disso, existem vários tipos de funções de troca. (Para um resumo dos limites de troca, digite help nn transfer.) Note-se que w e b são ambos limites escalares ajustáveis do neurónio. O ponto central das estruturas neuronais é que esses limites podem ser deslocados com o objetivo de que a estrutura mostre algum comportamento desejado ou fascinante. Assim, é possível configurar a estrutura para terminar um determinado trabalho alterando os limites de peso ou de tendência. Todos os neurónios da programação da Caixa de Ferramentas para Redes Neuronais têm um plano de jogo para uma inclinação, e uma tendência é utilizada como parte de inúmeros contornos e é reconhecida na maior parte deste compartimento de ferramentas. No entanto, é possível rejeitar uma tendência num neurónio, se necessário.

4.2 FUNÇÕES DE TRANSFERÊNCIA

A programação da Neural Network Toolbox incorpora numerosas capacidades de troca. Duas das capacidades mais utilizadas são demonstradas a seguir. A figura seguinte descreve o trabalho de troca direta.

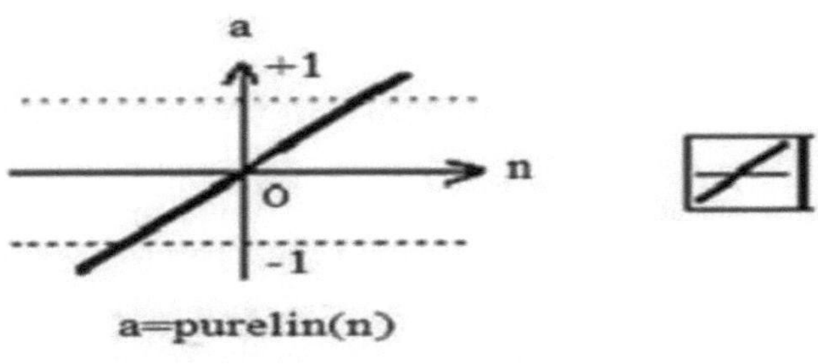

Figura 4.2: Função de transferência linear

Os neurónios desta escrita são utilizados como parte da última camada de sistemas multicamadas que são utilizados como aproximações de capacidade. O trabalho de troca sigmoide apresentado abaixo pega nas informações, que podem ter qualquer incentivo entre mais e menos ilimitado, e esmaga o rendimento no intervalo de 0 a 1.

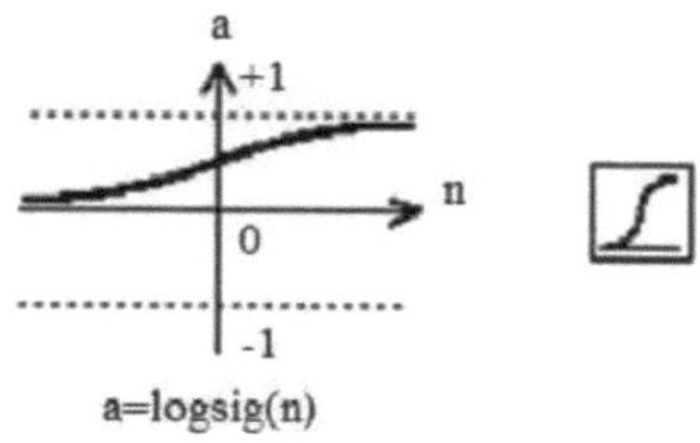

Figura 4.3: Função de transferência Log Sigmoid

Este trabalho de troca é normalmente utilizado como uma parte das camadas envoltas de sistemas multicamadas, parcialmente com o fundamento de que é diferenciável. Esses símbolos suplantam o f geral nas peças gráficas do sistema para demonstrar o trabalho de troca específico que está sendo utilizado. Para um resumo completo das capacidades de troca, os tipos ajudam na transferência. Pode também indicar as suas próprias capacidades de troca. Pode explorar diferentes vias relativamente a um neurónio básico e a diferentes trocas, executando o programa de casos nnd2n1.

4.3 NEURÓNIO COM ENTRADA VECTORIAL

O neurónio essencial pode ser contactado para gerir entradas que são vectores. Um neurónio com um vetor de entrada de uma única parte R é apresentado da seguinte forma. Aqui, as partes de dados singulares P_1, P_2... P_R são expandidas pelas cargas w_1, w_2,...,.w_(1,R) e os resultados ponderados são levados ao ponto de cruzamento de adição. O seu conjunto é simplesmente W_p, a consequência pontual da grelha (de linha única) W e do vetor p.

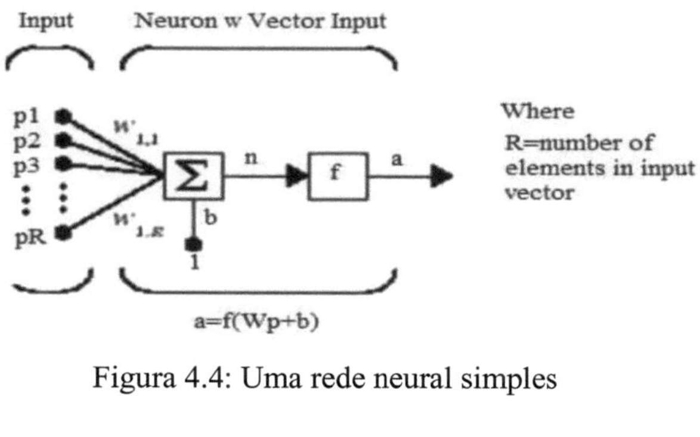

Figura 4.4: Uma rede neural simples

O neurónio tem uma inclinação b, que é somada com as contribuições ponderadas para formar a informação líquida n. (Não obstante a soma, podem ser utilizadas outras capacidades de informação líquida, por exemplo, o aumento que é utilizado como parte de "Apresentação") A informação líquida n é a contenção do trabalho de troca f.

$$n = w_{1,1}p_1 + w_{1,2}p_2 + \cdots + w_{1,R}P_R + b \quad (4.1)$$

Em todo o caso, por vezes, estará a compor código a este nível, pois esse código está atualmente incorporado com capacidades para caraterizar e imitar sistemas inteiros.

4.4 METODOLOGIA PROPOSTA

Este último trabalho atingiu 99,50% de exatidão com a conceção da DCNN que contém dois Caots de convolução e dois Caots de MaxPooling. Para atingir a exatidão, propomos neste trabalho um outro modelo dependente do modelo pré-treinado VggNet que contém 13 Caots de convolução, 5 Caots de MaxPooling e 3 Caots completamente associados, como mostra a fig. 4.5.

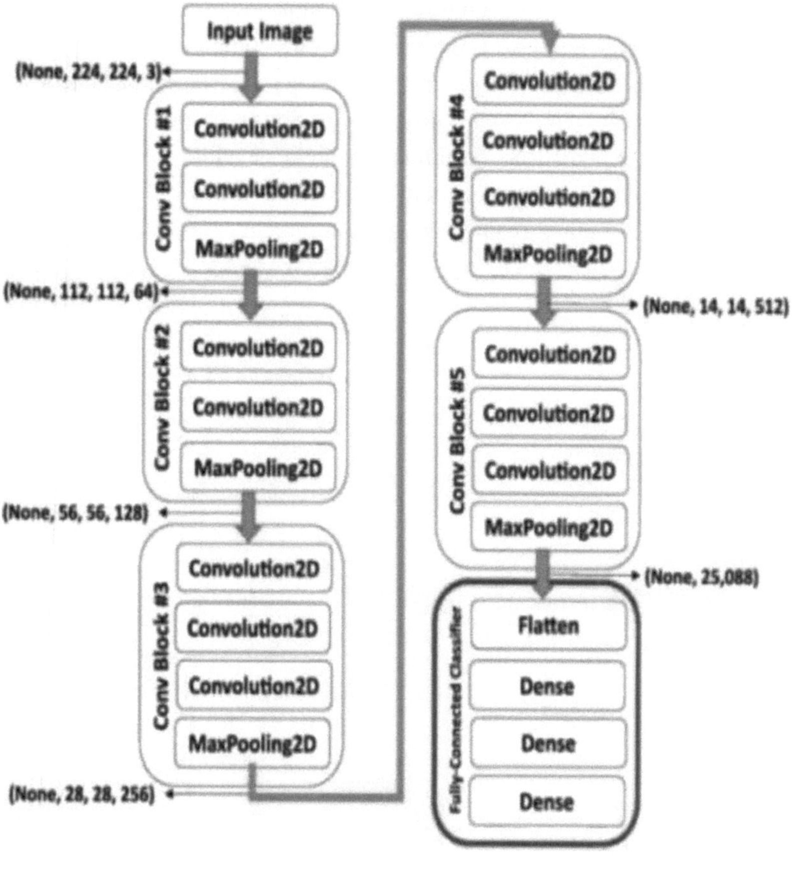

Figura 4.5: A arquitetura da afinação

O extraordinário empreendimento da VggNet no ILSVRC14 demonstrou que a utilização de pouca convolução e de um foco extremo de organização pode melhorar produtivamente a exibição do modelo. Diminuindo o tamanho do canal e desenvolvendo a quantidade de Caots, ao centrar-se nestes dois pontos de vista, a VggNet pode alcançar uma exatidão semelhante.

Em regra, a conceção de uma computação distribuída versátil é composta por quatro Caots, como se segue: A. Caot de acesso Este Caot oferece a colaboração entre o cliente e a nuvem. Este Caot é composto por três segmentos: a interface de assistência, o alistamento e a obtenção de administração. B. O Caot dos executivos Podemos dizer que este Caot é o centro da computação distribuída versátil, uma vez que proporciona segurança, fiabilidade, interfaces, afirmações, convenções normalizadas, etc. Além disso, é responsável por observar a designação de tarefas, a execução de tarefas, o ciclo de vida do quadro e a realização dos executivos. C. Caot virtual Neste Caot, todos os activos são reunidos para oferecer aos clientes administrações surpreendentes e competentes.

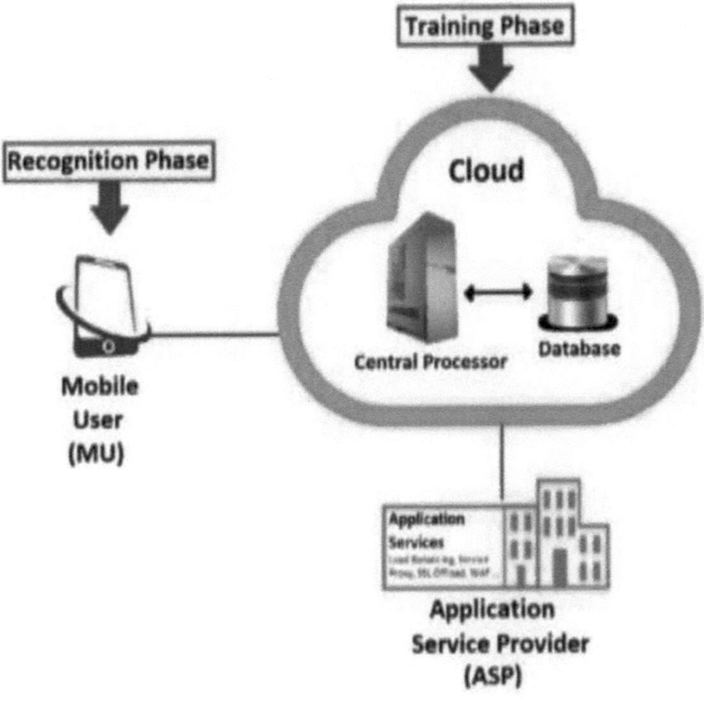

Figura 4.6: Modelo proposto

Duas ou três CPUs virtuais podem ser atribuídas à aplicação para uma execução segura dentro do grupo. D. Caot real Todos os conhecimentos relativos a células avançadas, PC, PC, tablets, telefones simples, etc. estão neste Caot.

Podemos dividir esta conceção em três lados significativos, como se segue (fig.

2): Nuvem (C): Este lado diz respeito à fase de preparação. Esta fase consiste em utilizar a estratégia de afinação dependente do modelo pré-preparado VggNet para treinar o nosso conjunto de dados. O modelo obtido será alterado para o aumento de ajuste (.tflite) utilizando o Tensorflow Lite e enviando este modelo para (MU). Utilizador portátil (MU): designamos o ciclo da fase de reconhecimento neste lado, e executamos o nosso modelo em versátil utilizando o sistema Tensorflow Lite.

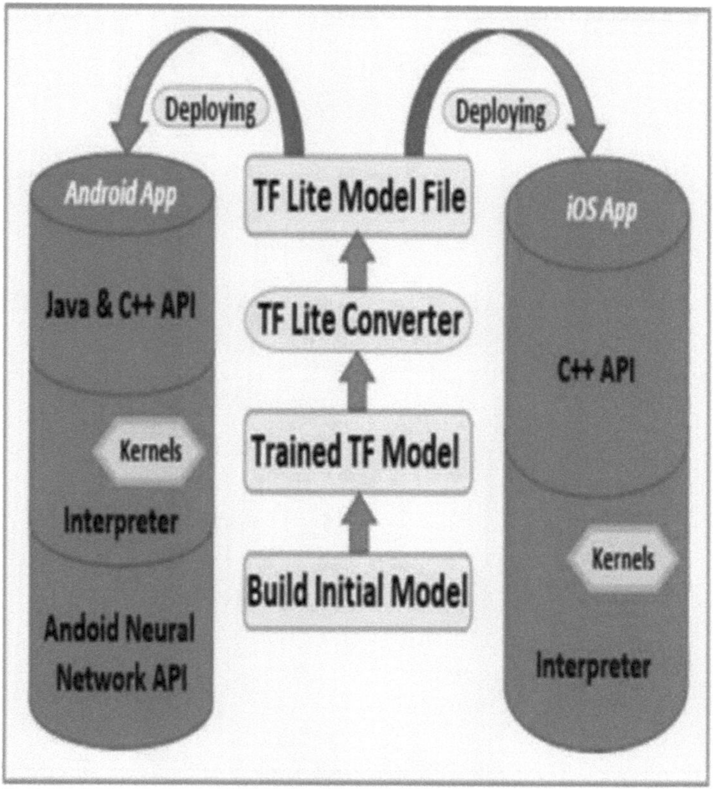

Figura 4.7: Diagrama de fluxo de DL

Depois de obter o modelo, a MU tira uma fotografia do seu rosto e faz uma pré-medida como redimensionar a imagem e produzir apenas o rosto e executar uma luz Tensorflow para reconhecimento. Application Service Provider (ASP): Esta fase contém cada uma das necessidades dos clientes, por exemplo, ajuste de carga, Offload, Armazenamento, etc. Na chance de que o ciclo de reconhecimento seja efetivamente antecipado, o cliente pode acessar qualquer ajuda de que precise.

Outra explicação que nos levou a propor este modelo é diminuir o tempo de movimentação das informações (fotos) do versátil para a nuvem e evitar que os agressores bloqueiem nossas informações a cada vez. Para atingir este objetivo, propomos utilizar a biblioteca Tensor Flow Lite [9] para telemóvel. Isso compreende a mudança do modelo de documento criado na sequência do estágio de preparação para o registro razoável para o portátil com o aumento .tflite. A Fig. 4.7 ilustra a execução do Tensor Flow Lite.

CAPÍTULO-5

RESULTADOS DA SIMULAÇÃO

5.1 FERRAMENTA DE SIMULAÇÃO

Python é uma linguagem de programação geral e é amplamente utilizada numa vasta gama de disciplinas, como a programação geral, a melhoria da Web, o avanço da programação, a investigação da informação, a IA, etc. Python é utilizada para este empreendimento, uma vez que é totalmente adaptável e simples de utilizar e, além disso, a documentação e o apoio local são excecionalmente grandes.

NumPy é um pacote extremamente incrível que nos capacita para o registo lógico. Ele acompanha capacidades refinadas e pode realizar exibição N-dimensional, matemática baseada em variáveis, mudança de Fourier e assim por diante NumPy é utilizado muito onde na investigação de informações, preparação de imagens e, além disso, bibliotecas diferentes exclusivas são trabalhadas acima do NumPy e o NumPy funciona como uma pilha de base para essas bibliotecas.

O Pandas é um programa de código aberto autorizado pela BSD, invulgarmente composto para a linguagem de programação python. Ele fornece um arranjo total de dispositivos de investigação de informações para python e é o melhor concorrente para a linguagem de programação R. Tarefas como ler o esboço da informação, ler csv e dominar registos, cortar, ordenar, combinar, tratar da informação em falta e assim por diante, podem ser realizadas sem esforço com o Pandas. O elemento mais significativo do Pandas é o facto de poder efetuar investigações de séries cronológicas.

Seaborn é uma biblioteca utilizada para a perceção da informação e é feita utilizando a linguagem de programação python. É uma biblioteca de nível inegável empilhada em cima da matplotlib. Seaborn é mais atraente e educativa do que matplotlib e extremamente simples de utilizar e está firmemente incorporada com NumPy e Pandas. O Seaborn e o matplotlib podem ser utilizados basicamente um ao lado do outro para obter fins dos conjuntos de dados.

SciPy é um conjunto de capacidades numéricas essenciais e baseia-se no ponto mais alto de Numpy, enquanto Scikit-learn é uma biblioteca famosa amplamente utilizada para IA, é uma expansão externa a SciPy. O Scikit-learn incorpora todos os dispositivos e cálculos necessários para a maioria das tarefas de IA. O Scikit-learn mantém recaída, arranjo, agrupamento, diminuição da dimensionalidade e pré-preparação de informações.

Para esta investigação, o scikit-learn é utilizado com base no facto de depender do python e poder interoperar com a biblioteca NumPy. Além disso, é extremamente simples de utilizar.

5.2 MATRIZ DE CONFUSÃO

Uma grelha de desordem é uma tabela que é frequentemente utilizada para representar a execução de um modelo de representação (ou "classificador") num curso de ação de dados de teste para os quais são conhecidos os aspectos certificáveis. A grelha de desordem em si é, de um modo geral, simples de ver, mas a fraseologia associada pode ser surpreendente.

Esperava fazer um "controlo de referência rápida" para a fraseologia da grelha de perplexidade, uma vez que não consegui encontrar um recurso atual que correspondesse às minhas necessidades: mais modesto na apresentação, utilizando números em vez de factores opcionais, e explicado tanto nos planos como nas frases.

5.3 RESULTADOS DA SIMULAÇÃO

```
# Confusion Matrix
test_batches.class_indices
cm_plot_labels = ['Flooding','No Flooding']
plot_confusion_matrix(cm=cm, classes=cm_plot_labels, title='Confusion Matrix')
```

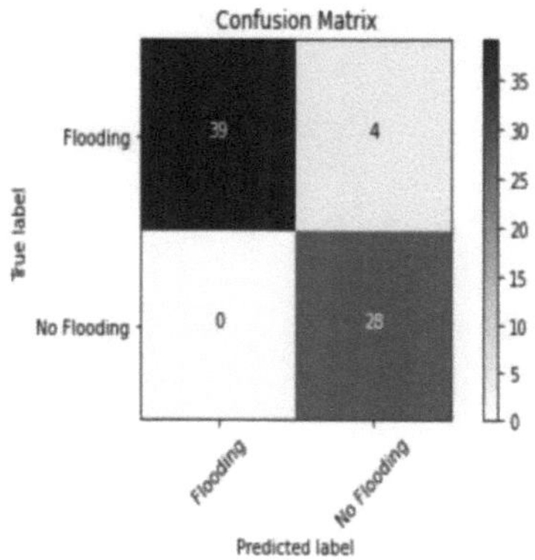

Figura 5.1: Matriz de confusão

```
Precision:  0.875
F1 Score:   0.9333333333333333
Accuracy:   0.943661971830985
```

Imprimir a etiqueta da classe prevista
etiquetas[resultado]
Inundações

Imprimir a etiqueta da classe prevista etiquetas[resultado]
Inundações

```
# Display image which we want to predict
from IPython.display import Image
Image(filename='/content/gdrive/MyDrive/data (1)/evaluate/4.jpg', width=300,height=200)
```

Imprimir a etiqueta da classe prevista

etiquetas[resultado]

Sem inundações

```
# Display image which we want to predict
from IPython.display import Image
Image(filename='/content/gdrive/MyDrive/data (1)/evaluate/5.jpg', width=300,height=200)
```

Imprimir a etiqueta da classe prevista
etiquetas[resultado]
'Sem inundações'

```
# Display image which we want to predict
from IPython.display import Image
Image(filename='/content/gdrive/MyDrive/data (1)/evaluate/7.jpg', width=300,height=200)
```

Imprimir a etiqueta da classe prevista
etiquetas[resultado]
'Flooding' (inundações)

```
# Display image which we want to predict
from IPython.display import Image
Image(filename='/content/gdrive/MyDrive/data (1)/evaluate/8.jpg', width=300,height=200)
```

Imprimir a etiqueta da classe prevista
etiquetas[resultado]
Sem inundações

```
# Display image which we want to predict
from IPython.display import Image
Image(filename='/content/gdrive/MyDrive/data (1)/evaluate/9.jpg', width=300,height=200)
```

Imprimir a etiqueta da classe prevista
etiquetas[resultado]
Sem inundações

CAPÍTULO-6

CONCLUSÃO E ÂMBITO FUTURO

6.1 CONCLUSÃO

Nesta análise, a precipitação diária em tempo real do TRMM foi examinada para reconhecer as regiões de precipitação substancial que provocaram inundações em Odisha em setembro de 2011. Verificou-se que as percepções sobre a precipitação e as inundações correspondiam espacialmente. A precipitação do TRMM foi utilizada como contribuição para o modelo hidrológico e o transbordo das inundações foi medido numa parte da bacia de Sabari em Andhra Pradesh. A conjetura reencenada foi considerada como estando de acordo com a libertação deliberada da cheia. A informação do radiómetro de cozedura a descoberto do asteroide AMSR-2 foi analisada em conjunto com a informação de precipitação TRMM em tempo legítimo para a bacia de Neamatighat em Assam e foram produzidos mapas de inundações prováveis dependentes de um limite. Observou-se que a análise combinada das temperaturas de brilho passivas e da precipitação está a resultar numa análise preditiva das inundações.

As imagens SAR de micro-ondas têm um clamor inato chamado ponto, devido à sua natureza de solidez, e foram examinados diferentes canais versáteis utilizando ficheiros de avaliação. Verificou-se que o canal Median/Gamma é adequado para diminuir o ponto, uma vez que o limite terra-água é melhor e o tempo de cálculo é menor. Para ordenar as águas ascendentes, o método de limiarização é considerado exato e leva menos tempo de cálculo.

A exploração planeou e prototipou uma estrutura denominada RIASM para reunir a abundância e investigar continuamente as imagens colocadas no twitter. Acrescentamos à escrita e à área local uma forma útil de lidar com a aquisição de conhecimentos sobre inundações a partir da gigantesca informação dos media baseada na Web, dependente da aprendizagem profunda. A estrutura permite que o modelo CNN seja re-preparado por um conjunto de dados de preparação maior quando mais investigadores confirmaram que as fotografias de inundação são adicionadas ao conjunto de preparação de uma forma iterativa. A exatidão total da identificação de fotografias de inundação foi de 94,36% num conjunto de testes justo, e a exatidão vai de 85-90% nos tweets certificáveis excecionalmente desequilibrados durante duas ocasiões de inundação. As fotografias de inundações retiradas da publicação em linha com o RIASM aumentam a atenção específica dos responsáveis pela resposta a situações de crise, proporcionando percepções livres de ocasiões de inundação no terreno. O plano do RIASM, baseado em módulos, permite encorajar diferentes tipos de ocasiões de catástrofe, como incêndios fora de controlo e abalos sísmicos, para a avaliação de danos/desastres, tal como diferentes investigações de calamidades passadas pelos executivos.

6.2 ÂMBITO FUTURO

A camada de imersão das inundações é cruzada com as camadas autorizadas na área SIG e são elaborados mapas de inundações que são úteis aos supervisores de calamidades para aliviar e salvar os executivos. Os mapas agregados de inundações, os mapas de movimentos/deslocações de inundações, os mapas de determinação de inundações, os mapas de danos causados pelas inundações, como as cidades, as vias férreas ou as ruas, são extremamente úteis para os chefes/diretores de calamidades conceberem tarefas de ajuda e tomarem decisões de forma eficaz e organizada.

Utilizando informações de satélite memoráveis e multifacetadas obtidas durante as cheias, foram identificadas as regiões de Bihar sujeitas a inundações. Foi avaliado que, normalmente, cerca de 3 lakh hectares da região de Bihar são afectados anualmente pelas inundações. Através das investigações contextuais, foi demonstrado que os métodos de deteção remota por satélite são a forma mais prática de distinguir a prova de regiões inundadas e de avaliar logicamente os danos causados pelas inundações. A partir de agora, presume-se que a precipitação baseada em asteróides e as inundações geográficas têm um elevado potencial para a previsão de inundações, o planeamento e o controlo das inundações e a redução das mesmas. Estes dados são extremamente valiosos para os Governos Central/Estadual conceberem a medição do avanço das cheias a nível local.

REFERÊNCIAS

[1] Barclay N.; Smith M. Avaliação de ferramentas avançadas baseadas em LiDAR para previsão aprimorada de inundações; SoutheastCon 2021.

[2] Gauhar N.; Das S.; Moury S. K. Prediction of Flood in Bangladesh using k-Nearest Neighbors Algorithm; 2ª Conferência Internacional sobre Robótica, Técnicas Eléctricas e de Processamento de Sinais (ICREST), IEEE 2021.

[3] Wuebbles, D.J.; Fahey, D.W.; Hibbard, K.A. Relatório Especial de Ciência do Clima, Quarta Avaliação Nacional do Clima; Programa de Investigação sobre Alterações Globais dos EUA: Washington, DC, EUA, 2017; Volume I.

[4] Koenig, T.A.; Bruce, J.L.; O'Connor, J.; McGee, B.D.; Holmes, R.R., Jr.; Hollins, R.; Forbes, B.T.; Kohn, M.S.; Schellekens, M.; Martin, Z.W.; et al. Identificação e preservação de dados de marcas de água alta; técnicas e métodos; U.S. Geological Survey: Reston, VA, EUA, 2016; p. 60.

[5] Li, Z.; Wang, C.; Emrich, C.T.; Guo, D. Uma nova abordagem para aproveitar as redes sociais para o mapeamento rápido de inundações: Um estudo de caso das inundações de 2015 na Carolina do Sul. Cartogr. Geogr. Inf. Sci. 2018, 45, 97-110.

[6] Goodchild, M.F.; Glennon, J.A. Crowdsourcing geographic information for disaster response: A research frontier. Int. J. Digit. Earth 2010, 3, 231 - 241.

[7] Sheth, A. Citizen Sensing, Social Signals, and Enriching Human Experience (Deteção de cidadãos, sinais sociais e enriquecimento da experiência humana). IEEE Internet Comput. 2009, 13, 87-92.

[8] Nagarajan, M.; Sheth, A.; Velmurugan, S. Citizen Sensor Data Mining, Social Media Analytics and Development Centric Web Applications. In Proceedings of the 20th International Conference Companion on World Wide Web, Hyderabad, India, 28 March-1 April 2011; ACM: New York, NY, USA, 2011; pp. 289-290.

[9] Adam, N.R.; Shafiq, B.; Staffln, R. Spatial Computing and Social Media in the Context of Disaster Management [Computação espacial e redes sociais

no contexto da gestão de catástrofes]. IEEE Intell. Syst. 2012, 27, 90-96.

[10] Fohringer, J.; Dransch, D.; Kreibich, H.; Schröter, K. Social media as an information source for rapid floodinundation mapping. Nat. Hazards Earth Syst. Sci. 2015, 15, 2725-2738.

[11] Wang, C.; Li, Z.; Huang, X. Avaliação geoespacial da dinâmica das inundações e dos riscos das cheias de outubro de 15 na Carolina do Sul. Sudeste. Geogr. 2018, 58, 164-180.

[12] Huang, X.; Wang, C.; Li, Z. Reconstrução da probabilidade de inundação através da melhoria de imagens quase em tempo real com medidores e tweets em tempo real. IEEE Trans. Geosci. Remote Sens. 2018, 56, 4691-4701.

[13] Huang, X.; Wang, C.; Li, Z. Uma abordagem de mapeamento de inundações quase em tempo real através da integração de redes sociais e imagens de satélite pós-evento. Ann. GIS 2018, 24, 113-123.

[14] Tkachenko, N.; Zubiaga, A.; Procter, R. WISC no MediaEval 2017: Tarefa de satélite multimédia. Nos Anais do MediaEval 2017: Multimedia Benchmark Workshop, Dublin, Irlanda, 13-15 de setembro de 2017; p. 4.

[15] Feng, Y.; Sester, M. Extraction of Pluvial Flood Relevant Volunteered Geographic Information (VGI) by Deep Learning from User Generated Texts and Photos. ISPRS Int. J. Geo-Inf. 2018, 7, 39.

[16] Huang, X.; Li, Z.; Wang, C.; Ning, H. Identificação de redes sociais relacionadas com catástrofes para uma resposta rápida: Uma arquitetura CNN com fusão visual-textual. Int. J. Digit. Earth 2019, 1-23.

[17] Huang, X.; Wang, C.; Li, Z.; Ning, H. Uma abordagem visual-textual fundida para a marcação automática de tweets relacionados com inundações durante um evento de inundação. Int. J. Digit. Earth 2018, 1-17.

[18] Druzhkov, P.N.; Kustikova, V.D. A survey of deep learning methods and software tools for image classification and object detection. Reconhecimento de padrões. Image Anal. 2016, 26, 9-15.

[19] Lowe, D.G. Object recognition from local scale-invariant features

(Reconhecimento de objectos a partir de caraterísticas locais invariantes à escala). In Proceedings of the Seventh IEEE International Conference on Computer Vision, Kerkyra, Grécia, 20-27 de setembro de 1999; Volume 2, pp. 11501157.

[20] Bay, H.; Tuytelaars, T.; Van Gool, L. Surf: Caraterísticas robustas aceleradas. In Proceedings of the European Conference on Computer Vision, Graz, Áustria, 7-13 de maio de 2006; Springer: Berlim/Heidelberg, Alemanha, 2006; pp. 404-417.

[21] Simonyan, K.; Zisserman, A. Redes convolucionais muito profundas para reconhecimento de imagens em grande escala. arXiv 2014, arXiv:1409.1556.

[22] He, K.; Zhang, X.; Ren, S.; Sun, J. Aprendizagem residual profunda para reconhecimento de imagens. arXiv 2015, arXiv:1512.03385.

[23] Rao, D. P., Bhanumurthy, V., Rao, G. S. e Manjusri, P., Remote sensing and GIS in flood management in India. Mem. Geol. Soc. India, 1998, 41, 195-218.

[24] Huffman, G. J., Bolvin, D. T., Nelkin, E. J., Wolff, D. B., Adler, R. F., Gu, G., Hong, Y., Bowman, K. P., e Stocker, E. F.: The TRMM Multisatellite Precipitation Analysis (TMPA): Quasi- Global, Multiyear, Combined-Sensor Precipitation Estimates at Fine Scales, J. Hydrometeorol., 8, 38-55.

[25] 7. Xie e Arkin, 1996: Analyses of global monthly presipitation using gauge observations, satellite estimates and numerical predictions, Journal of climate, 9, 840-858.

[26] Shrestha, M.S., Artan, G.A., Bajracharya, S.R., Sharma, R.R., 2008. Utilização de estimativas de precipitação baseadas em satélite para modelação de caudais: Bacia do Bagmati. J. Flood. Risk. Manage. 1(2), 89-99.

[27] Yilmaz, K.K., Hogue, T.S., Hsu, K.-L., Sorooshian, S., Gupta, H.V. Andwagener, T., 2005, Intercomparison of rain gauge, radar, and satellitebased precipitation estimates with emphasis on hydrologic forecasting. Journal of Hydrometeorology, 6, pp. 497-517.

[28] Nirala, M.L. Cracknell, A.P., 1998. Estimativa da precipitação utilizando dados de satélite TRMM. Int. Geosci. Remote. Se. 1, 135-137.

[29] Curtis, S., Crawford, T.W., Lecce, S.A., 2007. Uma comparação do TRMM com outras estimativas de precipitação à escala da bacia durante a inundação do furacão Floyd em 1999. Nat. Hazards. 43(2), 187-198.

[30] Estelle de Coning, 2013, Optimizing Satellite-Based Precipitation Estimation for Nowcasting of Rainfall and Flash Flood Events over the South African Domain, Remote Sens. 2013, 5, 5702-5724.

[31] Sharma, R.R., Samarkoon, L., Hazarika, M., Kafle, T.P., 2007. Applicability of tropical rainfall measuring mission to predict floods on the Bagmati River (Aplicabilidade da missão de medição da precipitação tropical para prever inundações no rio Bagmati). J. Hydrol. Meteorol. 1(4), 1-15.

[32] Lonfat, M., F.D. Marks, Jr., e S.S. Chen, 2004: Distribuição da precipitação em ciclones tropicais usando o sistema Magagi, R. e Barros, A.P., 2004: Latent Heating of Rainfall During the Onset of the Indian Monsoon using TRMM-PR and Radiosonde Data. J. Appl. Meteor, 43, 328-349.

[33] Chen, S.Y.S., J. A. Knaff, e F. D. Marks, 2006: Effects of vertical wind shear and storm motion on tropical cyclone rainfall asymmetries deduced from TRMM. Mon. Wea. Rev., 134, 3190-3208.

[34] Fekete, B.M., C.J. Vörösmarty, J. Roads, e C. Willmott. 2004: Uncertainties in precipitation and their impacts on runoff estimates. J. Climate, 17, 294-304.

[35] Panchagnula Manjusree, L. Prasanna Kumar, Chandra Mohan Bhatt, GoruSrinivasa Rao, e VeerabhotlaBhanumurthy (2012), Otimização dos intervalos de limiar para o mapeamento rápido da inundação através da avaliação dos perfis de retrodifusão de imagens SAR de ângulo de incidência elevado, Int. J. Disaster Risk Sci. 2012, 3 (2): 113-122.

[36] Sheng,Y,Gong,P. e Xiao,Q.2001.Quantitative dynamic flood monitoring with NOAA AVHRR, International Journal of Remote Sensing ,9,1709-1724.

[37] Shoji,T., Tomohisa K., Yuzo,S., e Kishi ,S. 1999. Estudo comparativo para

a deteção de inundações utilizando dados JERS-1 SAR e Landsat TM, 1EEE, 873-875.

[38] Tan, Q., Bi, S., Hu, J., Liu, Z. 2004. Medição do nível da água de um lago utilizando imagens de deteção remota de múltiplas fontes combinadas com dados estatísticos hidrológicos, IEEE, 4885-4888.

[39] Townsend, P.A. e Walsh, S.J.1998. Modeling floodplain floodation using an integrated GIS with radar and optical remote sensing, Geomorphology, 21,295-321.

[40] Domenikiotis, C., Loukas, A. e Dalezios, N. R. 2003. The use of NOAA/AVHRR satellite data for monitoring and assessment of forest fires and floods, Natural Hazards and Earth System Sciences, 3, 115- 128.

[41] Birkett, C.M.2000. Synergistic remote sensing of Lake Chad: variability of basin floodation, Remote Sensing of Environment, 72, 218-236.

[42] Ticehurst, C.J. 1, P. Dycel and J.P. Guerschmanl -Using passive microwave and optical remote sensing to monitor flood floodation in support of hydrologic modeling! 18° Congresso Mundial IMACS / MODSIM, 13-17 de julho de 2009.

[43] Mialon, A., Royer, A. &Fily, M. (2005), -Dinâmica sazonal das terras húmidas e variabilidade interanual nas altas latitudes do norte, derivadas de dados de satélite de micro-ondas! J. Geoph. Res. 110, D1712,

[44] Smith, L.C. (1997), Satellite remote sensing of river floodation area, stage, and discharge: A review. Hydr. Proc. 11, 1427-1439.

[45] Sippel, S. J., Hamilton, S., Melack, J. M., e Choudhury,B, 1994. Determinação da área de inundação na planície de inundação do rio Amazonas usando a diferença de polarização SMMR 37 GHz, Remote Sens. Environ., 48, 70-76.

[46] M. Salvia, F. Grings, P. Ferrazzoli, V. Barraza, V. Douna, P. Perna, C. Bruscantini, e H. Karszenbaum, 2011. -Estimando a área inundada e o nível médio da água usando micro-ondas ativas e passivas: o exemplo da planície de inundação do Delta do Rio Paran'a! Revista de Hidrologia e Ciências do Sistema Terrestre, vol-15, páginas:2679-2692.

[47] 48. RajatBindlish, Wade T. Crow e Thomas J. Jackson, 2009, -Role of Passive Microwave Remote Sensing in Improving Flood Forecasts! IEEE journal of Geoscience and Remote Sensing, vol-6, no.1.

[48] 49. Vittucci, C., P. Ferrazzoli, L. Guerriero, R. Rahmoune, V. Barraza, F. Grings, e H. Karszenbaum. "Monitoring floods in the lower Bermejo river basin using multifrequency microwave signatures", 2011 IEEE International Geoscience and Remote Sensing Symposium, 2011.

[49] C.Vittucci, P.Ferrazzoli, L.Guerriero, R.Rahmoune,V. Barraza, F. Grings, H. Karszenbaum, 2011 -Monitorização de cheias na bacia inferior do rio Bermejo usando assinaturas de micro-ondas multifrequência! IEEE International Geoscience and Remote Sensing Symposium (IGARSS), Página(s): 3062 - 3065.

[50] 53. Lunetta, R.S., e Elvidge C, D.1999. Remote Sensing Change Detection, Environmental monitoring methods and applications, Taylor and Francis, London.

[51] Horritt, M. S., Mason, D. C. e Luckman, A. J. 2001. Delineação de limites de inundação a partir de imagens de radar de abertura sintética utilizando um modelo estatístico de contorno ativo, International Journal of Remote Sensing, 22, 13, 2489-2507.

[52] Hong, Seunghwan, Hyoseon Jang, Namhoon Kim e HongGyooSohn. "Extração de áreas de água utilizando imagens RADARSAT SAR combinadas com imagens Landsat e informações sobre o terreno", Sensors, 2015.

[53] Brivio P., Colombo R., Maggi M., Tomasoni R. Integração de dados de deteção remota e SIG para o mapeamento exato de áreas inundadas.Int. J. Remote Sens. 2002;23:429-441.

[54] Giacomelli A., Mancini M., Rosso R. Avaliação de áreas inundadas a partir de dados ERS-1 PRI: Uma aplicação à inundação de 1994 no Norte de Itália. Phys. Chem. Terra. 1995;20:469-474.

[55] Hess L.L., Melack J.M., Filoso S., Wang Y. Delineamento de área inundada e vegetação ao longo da planície de inundação da Amazônia com o radar de

abertura sintética SIR-C. IEEE Trans. Geosci. Remote Sens.1995;33:896-904.

[56] Chen P., Liew S.C., Lim H. Flood Detection Using Multi-temporal Radarsat and ERS SAR Data; Actas da 20ª Conferência Asiática de Deteção Remota; Hong Kong, China. 25 de novembro de 1999.

[57] Birkett C. Synergistic remote sensing of Lake Chad: Variability of basin floodation (Deteção remota sinérgica do Lago Chade: Variabilidade da inundação da bacia). Remote Sens. Environ. 2000;72:218-236.

MIX
Papier aus verantwortungsvollen Quellen
Paper from responsible sources
FSC® C105338

Printed by Books on Demand GmbH, Norderstedt / Germany